DÉDÉ

Raymond Paquin

DÉDÉ

Quitte ou Double

Éditeur : Lise Durocher
Correcteur : Michel Rudel-Tessier
Photographie de la page couverture : François Boucher
Infographie et composition : Lise Durocher

QUITTE OU BOUBLE
C.P. 63054 - 40, Place du Commerce
Île-des-Sœurs, Verdun (Québec) H3E 1V6
Tél. : (514) 762-6396
Courriel : quitteoudouble@videotron.ca

Diffusion au Canada
FIDES
165, rue Deslauriers
Saint-Laurent (Québec) H4N 2S4
Tél. : (514) 745-4290
Fax : (514) 745-4299

Dédé,
J'ai refait notre chemin à l'envers. Je t'y ai retrouvé tel que tu étais : intègre, peureux, désespéré, indomptable, magnifique... Ça m'a fait du bien. Ce livre, je te le devais. J'espère m'y être montré digne de notre amitié.

Lise,
Merci d'avoir porté ce livre avec Dédé et moi. Merci de l'avoir mis et remis cent fois sur le métier, de l'avoir corrigé et recorrigé, poli et repoli jusqu'à ce qu'il se mette à ressembler à la vérité, jusqu'à ce qu'il la devienne. Merci de m'avoir aidé à accoucher du meilleur de moi.

Et maintenant, va, mon livre, où le hasard te mène.
(Verlaine)

Mon cœur préfère la vie d'oiseau

Il est mort le 8 mai de l'an 2000, dans le petit appartement miteux qu'il avait loué un an après la sortie commerciale de *Dehors Novembre*, au deuxième étage d'un duplex qui appartenait à une famille de traiteurs italiens qu'il aimait bien, sur la rue Rachel, à Montréal. Voilà pour les lieux communs.

Il s'est enfoncé un grand couteau de cuisine dans le ventre et il s'est labouré les entrailles sans répit et sans merci, jusqu'à ce que la mort ait pitié de lui. Voilà pour le drame.

Il faisait encore nuit quand son âme s'est finalement détachée de son corps...

* * *

Mercredi 10 mai 2000, 14 heures 50

J'étais là avant tout le monde, mais je ne suis pas monté à l'étage. Je devinais qu'il s'était fait hara-kiri et je m'en voulais à mort de ne pas l'avoir traîné de force à l'hôpital quand il s'était mis à délirer. J'avais honte de l'avoir « laissé tout seul au bord de la catastrophe » avec les mots de Mishima, de Lautréamont, de Cioran et des autres faux prêtres qui avaient documenté sa longue descente aux enfers.

* * *

Mercredi 10 mai 2000, 16 heures

Le policier qui m'a interrogé avait l'air d'un finissant de l'École Nationale de Police de Nicolet. Il avait dressé un constat qui m'aurait fait rire en d'autres circonstances et il avait tenu à me le lire :

(de mémoire)

LA VICTIME DE L'ÉVÉNEMENT QUI S'EST PRODUIT AU 863 DE LA RUE RACHEL, À MONTRÉAL, SEMBLE ÊTRE L'OCCUPANT DES LIEUX. IL S'AGIT D'UN MÂLE DE TYPE CAUCASIEN.

ÂGE APPROXIMATIF : 35-40 ANS

TAILLE APPROXIMATIVE : 1 MÈTRE 70-75

POIDS APPROXIMATIF : 65-68 KILOS

YEUX : BRUNS

SIGNE PARTICULIER : NÉANT

L'ÉVÉNEMENT SEMBLE S'ÊTRE PRODUIT DANS LA NUIT DU 8 AU 9 MAI 2000. LA VICTIME ARBORAIT

DES MARQUES DE VIOLENCES MULTIPLES SUR
TOUT LE CORPS...

Je l'ai interrompu.
— L'événement ? Quel événement ? C'est un
suicide, non ?
— C'est vous qui l'dites.
— Y s'est pas suicidé ?
— C'est moi qui pose les questions. Permis de
conduire, s'il vous plaît...
À un certain moment, il a quitté la pièce sans
refermer la porte derrière lui. J'en ai profité pour
jeter un coup d'œil dans le corridor. Il y avait là un
policier en uniforme et un enquêteur en civil. Ils
parlaient fort. Je n'ai pas pu et je n'ai surtout pas
voulu m'empêcher d'entendre ce qu'ils se disaient :
Le policier : « J'ai jamais vu ça d'ma vie. »
L'enquêteur : « J'ai l'impression qu'il a pointé
la lame de son couteau sur son ventre et qu'il a
carrément foncé dans l'mur. Y a pas d'autre explica-
tion possible. »
Le policier : « J'veux ben, mais ça explique pas
toute... Le couteau taché dans l'évier, par exemple,
les lacérations au cou, les bleus, le sang partout... »
L'enquêteur : « C'est un suicide, mon ami. Tu
peux gager ta paye là-dessus. »
Je pensais, comme l'enquêteur, que Dédé avait
dû s'éventrer lui-même. Il couvait un instinct de

mort que les événements de sa vie et la lecture de Mishima avaient lentement cristallisé.

Il avait en outre cette « énergie extraordinaire qui fait faire les choses extraordinaires » (Stendhal).

Cyclothymique ? Il l'était certainement. Quant à savoir s'il était maniaco-dépressif, je n'en suis pas sûr. Il faudrait que j'en parle à Guy Latraverse.

* * *

Vendredi, 5 mai 2000

— Allô Li-i-i-ise...

Il avait ce que Lise appelait « sa petite voix ».

— Allô !

Sa voix à elle était chantante, comme toujours quand elle répond au téléphone.

— Pendant qu'j'y pense, j'ai des chèques à t'faire signer.

— C'est urgent ?

— Laisse-moi regarder... Y a celui d'Vander qui presse un peu.

Lise et Dédé se « sentaient » trop pour entrer dans les détails. Deux Scorpions.

— Mercredi, 2 heures ?

Inquiète, elle lui avait fait promettre de se reposer.

— As-tu besoin de quelque chose ?

Elle avait beau être inquiète, elle était tout de même loin de se douter qu'elle venait de lui parler pour la dernière fois de sa vie.

* * *

Mercredi 10 mai 2000, 14 heures

Elle était là, au lieu dit et à l'heure dite, comme toujours. Elle a sonné. Une fois, deux fois, trois fois. Elle a insisté. Elle a vainement essayé de l'avoir au téléphone.

À l'étage du dessous, il y avait le traiteur italien qui lui préparait ses repas et le vieux marchand de fruits et légumes qui le tirait par la manche quand il passait devant son échoppe. Ils ne l'avaient pas vu depuis deux jours.

Elle m'a téléphoné, mais j'étais occupé à ranger des choses dans ma camionnette. Je n'ai pas entendu la sonnerie de mon cellulaire.

* * *

Mercredi 10 mai 2000, 14 heures 30

Elle est arrivée à l'instant même où j'allais démarrer. Ça n'avait pas l'air d'aller.

— T'es pas chez Dédé ?

— Y répond pas.

— As-tu essayé d'sonner ?

— Niaiseux...

— Es-tu sûre d'la date ?

— Le marchand d'fruits l'a pas vu depuis avant-hier. Y a pas ramené ses assiettes vides à la madame italienne...

L'inquiétude de Lise a fait monter la mienne de plusieurs crans.

— T'as l'air *down*...

— C'est pas ma journée. Jean-Guy m'a appelée.

— Qu'est-ce qui se passe ?

— Simone est en phase terminale...

Simone, c'était sa mère.

— Tabarn...

Elle avait les yeux rouges. Je me souviens d'avoir pensé qu'elle était bien plus brave que moi, mais je n'ai rien dit. Je l'ai peut-être prise dans mes bras. Si je ne l'ai pas fait, j'aurais dû...

— Cours vite chez ta mère, j'm'occupe de Dédé.

* * *

Dimanche 7 mai 2000, 13 heures 30

Trois jours plus tôt, je l'avais croisé à l'intersection des rues Roy et Saint-Denis. Il pleuvait.

Il avait l'air perdu, mais c'est un air que je lui connaissais. Il a posé sa tête sur mon épaule. C'était la première fois...

— Où tu vas ?

— Ça m'fait du bien d'courir.

— Un café ?

— J'ai pas l'temps... Ça tourne dans ma tête... M'donnes-tu un lift ?

Je l'ai reconduit chez Éric Henry. Avant de descendre de ma camionnette, il a cherché à me rassurer.

— J'vois un psychologue demain matin. Ça va ben aller...

J'ai eu envie de le traîner de force à l'hôpital.

— J'ai des Sominex. Ça va m'aider à dormir.

À ce stade-là, j'aurais probablement dû lui rentrer dedans, lui demander s'il avait l'*intention* de se suicider, s'il savait *quand* il allait le faire et *comment* il allait s'y prendre. Il aurait peut-être craqué. C'est du moins ce que disent les spécialistes...

Je l'ai regardé droit dans les yeux. Il a soutenu mon regard. Ce que nous nous sommes dit dans cet ultime et dernier regard n'appartient à personne et je ne me sens pas le droit d'en disposer.

Ce soir-là, en rentrant chez moi, j'ai trouvé son dernier texte sur mon télécopieur, celui-là même que *La Presse* a publié dans son édition du 11 mai 2000 :

Comme le temps est pesant en mon âme escogriffe
Un grand ciel menaçant, un éclair qui me crie
Ton cœur est malicieux, ton esprit dans ses griffes
Ne peut rien faire pour toi et tu es tout petit
Les nuages voyageurs font des dessins abstraits
Ils me parlent de bonheur que jamais je n'entends
Je pourrais faire comme eux et partir sans délai
Léger comme une poussière transportée par le vent
(André Fortin, *La comète*)

Bizarrement, ses mots m'avaient un peu rassuré. *Il écrivait encore.* J'ai été assez naïf (ou assez tordu) pour croire qu'il avait *encore* des réserves, puisqu'il avait *encore* accès au meilleur de lui-même.

* * *

Mercredi 10 mai 2000, 14 heures 40

Quand Lise est partie, j'ai immédiatement téléphoné à Normando. Il n'avait pas vu Dédé depuis le week-end. Mike et Sélanie ne l'avaient pas vu eux non plus.

Dix minutes plus tard, je faisais le pied de grue devant sa porte, en attendant les autres.

* * *

Mercredi 10 mai 2000, 15 heures

Mike (je pense que c'était lui) est monté le premier. Il a ouvert la fenêtre qui donnait sur le balcon arrière de l'appartement de Dédé. Normando et Sélanie sont entrés en même temps que lui. Je suis resté au pied de l'escalier. J'étais déçu. De lui, de moi, de tout ça...

— Y s'est planté un couteau dans l'ventre, m'a dit Normando en redescendant l'escalier.

Il était livide. Moins que moi, mais livide tout de même.

— Il est mort ?

Je venais tout juste d'enterrer mon frère Bamboula et mon « capitaine » de père. La mère de Lise ne passerait pas l'été. Et voilà que Dédé...

* * *

Je ne sais plus lequel de nous quatre a fait le 911, mais je n'oublierai jamais que le car de reportage de TQS était là avant la police.

BULLETIN SPÉCIAL :
LE CORPS SANS VIE D'ANDRÉ DÉDÉ FORTIN, LE POPULAIRE CHANTEUR DES COLOCS, VIENT D'ÊTRE RETROUVÉ DANS SON APPARTEMENT...

En moins de dix minutes, la nouvelle fut sur toutes les lèvres.

La famille et les amis de Dédé apprirent en même temps que tout le monde qu'il s'était suicidé à l'« arme blanche » et qu'il avait « probablement beaucoup souffert avant de mourir ». Les journalistes se ruèrent sur le scoop avec l'enthousiasme d'une meute de golden retrievers pressés de ramener la « baballe » à leurs maîtres.

IL SEMBLE QU'UNE PEINE D'AMOUR SOIT À L'ORIGINE DU DRAME...

ON M'APPREND À L'INSTANT QUE DÉDÉ FORTIN, LE JEUNE ET TALENTUEUX CHANTEUR DES COLOCS, S'EST ENLEVÉ LA VIE TARD HIER SOIR, DANS SON APPARTEMENT. TOUS LES DÉTAILS À 16 HEURES...

TOUT INDIQUE QU'IL S'AGIT D'UN SUICIDE...

Pour les journalistes, le suicide de Dédé, comme la mort tragique de Marie-Soleil Tougas, le meurtre de Marie Trintignant, le mariage, les amours et la mort de la princesse Diana, le dérapage de l'autobus dans la côte des Éboulements, la crise du verglas, l'échange de Patrick Roy, le génocide des Tutsis, la capture de Saddam Hussein, Nine-Eleven, l'affaire José Théodore, le procès de Mom Boucher, les deux crises cardiaques de Michel Bergeron, le sein droit de Janet Jackson, le suicide du directeur général de Saint-Charles-Borromée, les chirurgies plastiques de Michael Jackson, le *coming out* de Daniel Pinard, le mariage princier de Céline Dion, les orphelins de Duplessis, le procès de Dave Hilton, le voyage du pape en Pologne... c'était du bonbon. De quoi tenir en ondes une bonne semaine, sans trop forcer.

Les quelques rares journalistes qui m'ont interviewé étaient mal préparés. Ils se contentaient d'aller à la pêche.

— Y s'droguait-tu ?

Il fumait trois ou quatre cigarettes par jour, mais il n'en achetait jamais. Il buvait peu et rarement. Il lui arrivait de s'en rouler un et de « se l'fumer » avec Mike ou Vander, des fois deux... Je ne crois pas qu'il ait jamais pris autre chose. S'il faisait de la coke, je ne m'en suis jamais aperçu.

— Une peine d'amour ?

— C'est quoi la question au juste ?

— Y avait-tu des problèmes ?

— Il faut croire que oui...

Paul Arcand m'est apparu plus intéressé, mieux documenté et plus respectueux que les autres, mais je suis loin d'avoir parlé à tout le monde.

La tempête médiatique a culminé vers le 13 mai, quand le rapport préliminaire du coroner a été rendu public. La nouvelle fit la une de tous les journaux et la manchette de tous les bulletins de nouvelles de la presse électronique. Elle fut formatée, reformatée, analysée, synthétisée, détaillée, reprise et serinée sur les huit octaves.

Puis, un scoop en chassant un autre, les maîtres de piste du cirque médiatique rappelèrent la meute et la lancèrent sur une autre piste.

J'attendais ce moment depuis un bon bout de temps. Je croyais que les vrais journalistes s'amèneraient et qu'ils poseraient les vraies questions. Je me disais que le suicide de Dédé était symptomatique d'un malaise qui dépassait largement sa personne et qu'il était urgent d'en débattre.

Je l'ai eu dans le baba.

Ils ont fait comme moi, les journalistes. Ils sont restés en bas de l'escalier, incapables qu'ils étaient de *dealer* avec le cadavre de celui en qui ils n'avaient pas reconnu le Petit Prince.

Il se peut aussi que je sois dans le champ.

C'est qu'ils sont occupés, les journalistes... Avec tout ce qu'il y a à lire, à écrire et à regarder, avec les scoops qui leur tombent dessus jour après jour, ils ont peut-être à peine le temps de digérer les manchettes quotidiennes. Ils sont peut-être en train de devenir de simples témoins de l'actualité, des « relationnistes » trop bien payés pour faire des vagues ou, pire encore, des « placoteux » plus intéressés à pérorer qu'à aller au fond des choses.

Mais je m'égare...

Dédé était le plus simple, le plus généreux, le plus désintéressé et le plus honnête des hommes. Il ne cherchait pas le trouble, ce qui ne veut pas dire qu'il ne le trouvait pas. Il prêtait sa carte de débit et ma carte de Bell à tout le monde. Il était gentil, amène et plein de charme. Les mères l'aimaient presque autant que leurs filles. Il avait de la gueule, des couilles et du talent.

Il aurait dû être heureux. Mais il faut croire qu'il était voué au malheur. Comment expliquer autrement l'« hécatombe » qu'il a laissée derrière lui.

* * *

Je ne parlerai pas ici de ce que la mort de Dédé nous a fait, à Lise et à moi, de ce qu'elle a fait à Nicole, à Sophie et à Sélanie, les trois seules blondes que je lui ai connues, de ce qu'elle a fait à Mike, à Vander et aux autres Colocs, de ce qu'elle a fait à Normando, à Éric, à Mich'Boule, à Louis et à Cha Cha, ni de ce qu'elle a fait à ses parents, à ses frères, à ses sœurs, à ses neveux et à ses nièces. J'y reviendrai certainement, mais que ceux et celles que je viens de nommer dorment sur leurs deux oreilles : je ne leur mettrai pas de mots dans la bouche...

* * *

J'écris ce livre à la première personne. Je l'écris tout seul... avec Lise Durocher, qui en est l'éditeur (elle n'aime pas que je dise « éditrice »). J'ai l'intention de rester dans les limites de ce que j'ai vu de mes deux yeux et de ce que j'ai entendu d'au moins une de mes deux oreilles.

Ce ne sera pas facile... L'écriture, comme la méditation et la masturbation, est un plaisir solitaire. Elle se nourrit de fantasmes et je ne suis pas loin de penser qu'il faut être un peu schizophrène pour trouver l'apaisement dans la solitude qu'elle impose.

Il faut que j'aie très envie d'écrire ce livre pour me le taper.

* * *

Un autre que lui se serait sans doute suicidé en novembre 1998, après l'enregistrement de *Dehors Novembre.*

> *Dehors Novembre. je suis couché sur mon grand lit*
> *Du coin d'mon œil par la fenêtre j'vois l'hôpital*
> *(...)*
> *J'ai faim, j'ai frette, je suis trop faible pour me l'ver d'boute*
> *On va hisser le drapeau blanc un point c'est toute*
> (André Fortin, *Dehors Novembre*)

Il avait alors 36 ans. Il était fin prêt. Il avait remboursé toutes ses dettes. Il avait « fait la paix avec ses regrets ». Il avait renoncé au monde et il avait laissé partir Sophie. Il était mûr pour la catharsis, mais il avait promis la lune à tout le monde et il s'est cru obligé de tenir parole. Alors il est resté... encore un peu. Le temps d'une tournée d'adieu qui a culminé au Festival international d'été de Québec devant quarante mille fans qui lui ont décerné un dernier Grand Prix du public (prix Miroir, 1999) et au dernier gala de l'ADISQ du millénaire (Félix du Groupe de l'année, 1999).

* * *

Les derniers jours de 1999 passèrent lentement et ne lui firent pas trop mal.

À minuit une minute, le 1er janvier de l'an 2000, sur la petite scène du Lion d'Or, Dédé et les Colocs accueillirent en grandes pompes ce 21e siècle duquel André Malraux avait dit qu'il serait spirituel ou qu'il ne serait pas.

Il lui restait cent vingt-neuf jours à vivre. Il était brûlé. Comme Hubert Aquin, il n'avait plus la force ni l'envie de se reconstruire.

Mais il avait promis...

Il avait promis à Jean Arsenault, le papa Botte de la Famille Botte, qu'ils se « payeraient le Brésil un d'ces jours ». Ils y ont passé six semaines, en janvier et en février 2000.

Il avait promis à Pat que les Colocs « f'raient d'la zique à New Orleans un d'ces jours ». Il a tenu parole, treize jours avant sa mort.

Il avait promis à Karim Diouf, un des deux Sénégalais qui l'avaient aidé à finir le refrain de *Tassez-vous de d'là*, qu'il interviendrait en sa faveur auprès d'un fonctionnaire d'Immigration Canada qui venait de lui refuser sa demande de résidence permanente. Il a tenu parole, dix jours avant sa mort.

Il avait promis...

S'il y a un Dieu, ça doit vouloir dire que Dédé avait une âme... Et s'il avait une âme, il est certain que Dieu lui a déjà pardonné d'avoir craqué sous la pression et qu'il lui a laissé ses *goggles,* ses crayons, ses cahiers et sa guitare...

* * *

Je sens, je sens des ailes pousser
Sur mes épaules et dans mon dos
Métamorphose, je t'attendais
Moé c'est pu moé, c'est un oiseau
Je vais enfin pouvoir m'enfuir
Exactement comme dans mon plan
Y m'reste juste cinq secondes à vivre
J'ai déjà perdu trop de sang...
(André Fortin, *Belzébuth*)

Si la justice était aussi immanente qu'elle croit l'être, je devrais probablement être condamné à une très lourde peine pour non-assistance à personne en danger... et tous les autres aussi qui l'ont regardé se noyer sans même lever le petit doigt, les journalistes y compris.

Il a crié adieu
Il n'a pas dit au revoir
Il a crié adieu
Et nous sommes restés sourds
(...)
Je pleure et je sais pourquoi
Parce qu'il n'y a pas de mots
Pour exprimer ma douleur
(Pierre Bourgault, *Le Journal de Montréal*, 14 mai 2000)

* * *

Ce livre n'est pas une biographie d'André Fortin. C'est l'histoire d'un gagnant qui se prenait pour un perdant, l'histoire d'un p'tit bonhomme qui se faisait appeler *Dédé*, qui avait le monde à ses pieds, mais qui préférait la vie d'oiseau...

Le Quai des Brumes

Je l'ai rencontré en 1992. C'est Jacques Saint-Onge qui me l'a présenté. Il n'avait pas encore trente ans. J'ai tout de suite remarqué qu'il avait un « partiel ». C'était facile, il n'arrêtait pas de jouer avec.

Il « magasinait » le premier contrat de disques des Colocs.

À cette époque, Saint-Onge était le tourneur de Richard Desjardins et j'étais son agent auprès des maisons de disques et des distributeurs. Saint-Onge m'avait parlé de ce Dédé Fortin qui était en train de virer l'Empire des Futures Stars à l'envers. Il aurait voulu que nous nous « mettions à trois » pour produire le premier album des Colocs.

Ça me tentait à moitié. Pour trois raisons.

Un : je ne connaissais ni les Colocs, ni leurs chansons.

Deux : je n'aime pas trop les trips à trois.

Trois : je devinais qu'il faudrait un minimum de

deux cent mille dollars pour produire et commercialiser l'album. C'était au-dessus de nos moyens.

Saint-Onge fit de son mieux pour vendre notre salade à un Dédé qui ne l'écoutait pas.

— C'pas important l'contrat. Pat a l'sida. Son visa d'touriste expire dans quinze jours. Si y r'tourne en France, y pourra pu r'venir.

Saint-Onge ne l'écoutait pas non plus.

— J'veux faire l'album avec Pat. Y peut pas d'mander l'asile politique, c't'un français. Y peut pas immigrer non plus, y passera pas son médical...

Saint-Onge avait beau essayer de le ramener à l'ordre, rien n'y faisait. Quand Dédé avait quelque chose à vendre, le plus simple était encore d'avoir quelque chose à acheter. Il était convaincant à ce point.

— Je l'ai promis à Pat. C'pas dur, on fait l'album avec lui. On l'garde avec nous autres. Y va mourir au Québec, sur scène si ça s'peut...

Je l'observais à la dérobée. Bizarrement, je le croyais. Il avait l'air d'être exactement ce qu'il « annonçait ». Je me disais que ce Pat avait bien de la chance d'avoir un ami comme lui. Il m'a tout de suite plu.

En sortant, il m'a tiré par la manche.

— Y a-tu d'quoi à faire ?

— Pour Pat ?

— On n'a pas beaucoup d'temps pour faire l'album. Y a-tu d'quoi à faire avec l'immigration ?

— Aucune idée.

— C'gars-là (il avait un fort accent du Lac-Saint-Jean) jouait d'l'harmo dans l'métro à Paris. Y faisait la manche, comme y dit. Les Colocs, c'est sa première vraie famille. Peux-tu m'aider ?

— J'sais pas...

Il m'a emmené au Doux Paradis. Je lui ai payé un club. Il m'a tout raconté.

— Y s'est piqué avec une aiguille sale, y a dix ans à peu près. Y prend pas d'médicaments... y est bouddhiste. Les Colocs, c'est sa planche de salut. Y veut mourir sur scène...

Je l'ai écouté sans l'interrompre, même si je trouvais qu'il avait « l'histoire longue ». Ça l'a aidé à décompresser. Il avait un tel besoin de parler qu'il en bafouillait presque. S'il l'avait pu, il serait entré dans ma tête pour y vérifier l'exacte résonance de chacun de ses mots.

Quand il a été sûr à cent pour cent que j'avais compris à cent pour cent qu'il ne ferait pas l'album sans Pat, il a accepté de parler « affaires ».

À part Saint-Onge et moi, il avait déjà vu pas mal de monde, mais il n'avait obtenu aucune garantie quant à Pat.

— Tu comprends mon Dédé (c'est tout juste s'ils ne disaient pas « mon garçon »), on va faire l'impossible pour Patrick, mais l'important c'est le disque.

T'as l'momentum de ton bord. Pense à *toi*. J'ai un bon réalisateur pour vous autres...

J'ai plongé.

— Écoute. J'sais pas si j'peux t'aider, mais j'vais essayer. Donne-moi une semaine. On se r'trouve ici mardi prochain, même heure, même poste.

Il m'a regardé dans les yeux. Il a souri.

— All right !

Je lui ai souri. J'étais fait comme un rat, mais j'allais mettre un certain temps à m'en apercevoir.

* * *

Le lendemain, au Quai des Brumes

Le lendemain soir, j'ai vu l'affiche des Colocs dans la vitrine du Quai des Brumes :

BAND GROS FUMEUR
CHERCHE PUBLIC GROS BUVEUR

Je suis entré.

Je me suis lavé les mains dans le lavabo écaillé des w.-c. en attendant mon tour aux urinoirs. Il y avait là deux « poètes » passablement éméchés. Le plus grand pissait tranquillement sur la jambe du plus petit. Ils parlaient de Louis-Ferdinand Céline comme s'ils ne l'avaient jamais lu...

J'ai choisi une table et j'ai attendu ma bière pression cinq ou six minutes. Un « pierrot lunaire » un peu trop fripé pour être honnête s'est invité à ma table.

— Permettrez-vous au modeste chercheur de la NASA que je suis de vous faire un bout de conversation ?

Il sonnait faux, mais il avait une bouille irrésistible. Il attendait un coup de fil de Washington.

— ... mais pour le moment, c'qui m'f'rait vraiment plaisir, c't'une bonne bière.

Je lui en ai commandé deux.

— ... le pire de tous, c'est Hubert Reeves. C'est un hostie d'druide c'te gars-là.

Je me suis levé.

— Salut Newton...

En sortant, je suis repassé devant l'affiche.

DIMANCHE SOIR AU QUAI DES BRUMES
LES COLOCS
ADMISSION : 3,00 $

Beau Dommage coûtait neuf dollars en 1976. Ça m'a fait sourire...

* * *

Dimanche soir au Quai des Brumes

Mon premier réflexe avait été de compter les têtes. Je suis comme ça. Je compte les têtes dans les restaurants, dans les ascenseurs, partout.

88, 89... 92... 96... 105... disons 125 personnes.

La salle était pleine. J'ai estimé la recette brute à quatre cents dollars, le cachet des Colocs à trois cents dollars et la part nette de chacun à cinquante dollars.

Les gros buveurs que l'affiche des Colocs avait attirés étaient survoltés. Ils chantaient à tue-tête et dansaient entre les tables sans aucune espèce de retenue. On se serait cru en pleine annonce de bière.

Je me suis assis au fond de la salle et je me suis laissé porter par les mots et la musique de Dédé.

Quand j'y r'tourne ça m'fait assez mal
Yé tombé une bombe su'a rue principale
(André Fortin, *La rue principale*)

Il y avait dans l'air quelque chose de Ricet Barrier, de Nino Ferrer, de Robert Charlebois, de Clifton Chénier, de Paul Piché et de Johnny Cash.

J'ai tout de suite aimé ça.

— Chu pas capab' de t'expliquer c'qu'on fait.

La veille, il m'avait passé un coup de fil pour me

dire que « le show commencerait pas avant dix heures » et pour me préparer au pire.

— Mon *lead guitar* vient d'Saskatoon. C'est un Indien cri. Y parle pas un mot d'français... Pat est français. Y vient de l'arrière-pays catalan. Y parle pas un mot d'anglais...

Il était sur sa lancée.

— On est un peu rockabilly, un peu zydeco, un peu chansonnette française, un peu Bottine Souriante, un peu funk, un peu rap, un peu blues, un peu jazz, un peu métal, un peu musette...

Il avait fallu que je l'arrête.

* * *

De retour au Quai des Brumes

> *C'est vrai qu'je chiâle un peu, j'te raconte ma vie*
> *Je m'suis troué les veines à n'en plus bander*
> *J'ai vu partir des potes jusqu'au fond d'la lie*
> *Rien à foutre de tout ça, on va tous crever*
> (Patrick Esposito Napoli, *Séropositif boogie*)

C'était au tour de Patrick Esposito « di » Napoli. Je ne savais rien de lui, sinon qu'il était français et séropositif.

Son bonheur d'être simplement là, à « jouer d'la zique pour quelques dollars » avec le band le plus hot en ville, crevait les yeux.

Entre les couplets, Mike, Serge, Jimmy, Dédé et les gros buveurs du Quai des Brumes reprenaient en chœur le refrain de la « confession » de Pat :

Séropositif boogie, séropositif boogie
Séropositif boogie, séropositif...

Ils avaient des têtes de camarades de régiment et de mangeurs de choucroute allemande.

* * *

L'avant-veille, j'avais rencontré un fonctionnaire d'Immigration Canada. Il m'avait lu le règlement :

— ... les ressortissants étrangers désirant occuper un emploi temporaire au Canada doivent absolument...

Il s'écoutait parler. Un peu comme Jacques Languirand, mais il n'avait ni sa faconde, ni son intelligence. Disons qu'il était prolixe.

Il a fini par se taire. J'en ai profité pour lui poser des questions. Quand je suis sorti de son bureau, je tenais la solution au petit problème des Colocs.

Si Pat avait la « bonne idée » de mourir avant 1996 et si tout le monde jouait le jeu, il mourrait parmi les siens, au pays des Colocs, en toute légalité.

* * *

De retour au Quai des Brumes

L'Indien cri et le « Français d'France » chantaient les mots de Dédé, écrits dans une langue qu'ils ne connaissaient pas...

Serge Robert, qui allait quitter les Colocs après le deuxième album pour devenir Mononc' Serge et qui jouait de la contrebasse et de la basse électrique, avait des accents à la Bobi Lapointe. Jimmy Bourgoing, le batteur, qui avait longtemps été le pivot d'un band de *covers*, tenait le rythme comme s'il avait un métronome « ent' les deux oreilles ».

Ils étaient tous hautement improbables, mais il fallait voir et entendre Dédé...

Il « scatait » et dansait de la claquette. Il avait le souffle, le charisme et l'énergie d'un *preacher*. Il courait comme s'il avait raté un autobus et il parlait à tout le monde en même temps, sans jamais perdre une maille, un peu comme ces champions d'échecs qui jouent vingt-cinq parties à la fois et qui les gagnent toutes.

S'il est vrai que l'heure qui suit un concert de Mozart est encore *de* Mozart, l'heure qui suivait un concert des Colocs était presque de trop...

* * *

Plus tard, à la maison

J'ai mis deux heures à redescendre. Les accords de blues et la *slide guitar* de l'Indien, l'harmonica du Français et les *scats* de Dédé faisaient la boucle dans ma tête.

Je me suis endormi à deux heures du matin, un peu moins vieux que la veille.

* * *

Le surlendemain, au Doux Paradis

— Pis ?

Il était pressé de savoir.

— Ça peut s'arranger...

— Ça *peut* s'arranger ou ça *va* s'arranger ?

— Ça peut s'arranger.

— J't'écoute !

Il était tendu comme une corde de guitare.

— As-tu un tourneur ?

— Non. Pourquoi ?

— Qui t'a booké au Quai des Brumes ?

— J'ai appelé l'gars.

— Quel gars ?

— Le gars.

— Le propriétaire du Quai des Brumes ?

— Le gars d'la place...

Je suis allé commander un sandwich au comptoir. Il en a profité pour « bummer » une cigarette à son voisin de table et pour sortir prendre un peu d'air sur le trottoir d'en face, en toussant comme un chanteur de club.

Je lui ai expliqué qu'il avait dix jours pour vendre un minimum de huit shows assez payants pour justifier l'engagement de Pat et pour déposer les originaux des contrats signés au comptoir d'Immigration Canada. Il lui serait alors délivré un permis de travail d'une durée de six mois.

— Six mois ?

— Quand le permis expirera, vous en demanderez un autre pour l'enregistrement de l'album, et quand cet autre permis expirera à son tour, vous en redemanderez un troisième pour tourner un clip et ainsi de suite jusqu'à la fin du monde...

— Ça va-tu marcher ?

— C'est jouable, mais y a pas une minute à perdre.

Ça l'a fait rire.

— Une minute ? Sais-tu qu'ça peut être *très long* une minute ? Connais-tu l'histoire du diable qui voulait en passer une p'tite vite au bon Dieu ?

— Non, mais j'sens que j'vas la connaître...

Le diable : « Seigneur, c'est quoi un siècle pour vous ? »

Le bon Dieu : « Un siècle ? C'est comme une minute... »

Le diable : « Et un million de dollars ? »

Le bon Dieu : « Un million de dollars... c'est comme une cenne noire. »

Le diable : « J'vas la prendre vot' cenne noire ! »

Le bon Dieu : « D'accord. J't'la donne dans une minute. »

Cette histoire le faisait mourir de rire. Si je ne l'ai pas entendue cent fois, je ne l'ai jamais entendue. Autant vous la raconter maintenant.

— Peux-tu m'arranger ça ?

— Peut-être...

— *Veux-tu* m'arranger ça ?

— Va au diable !

— All right ! (Il était content.) J'te présente les gars la s'maine prochaine.

* * *

Aparté

À vrai dire, j'ai un peu bluffé le fonctionnaire d'Immigration Canada.

Il tenait mordicus à ses contrats d'engagement signés, alors je me suis arrangé avec une dizaine de propriétaires de salles qui m'ont garanti tout ce que j'ai voulu, d'autant plus facilement que je m'étais engagé à déchirer les contrats en cas de mévente.

Il est vrai que mes contrats ne valaient pas le

papier sur lequel ils étaient écrits, mais il s'est trouvé que la carrière des Colocs a explosé en même temps. Le vent soufflait du bon bord.

* * *

Je n'avais pas encore rencontré les autres Colocs. Je n'avais ni envie de les gérer, ni les moyens de les produire, et je n'étais pas convaincu non plus que Pat avait vraiment le sida.

* * *

Le mardi suivant, chez Dédé

Dédé habitait alors au 2116 du boulevard Saint-Laurent, à l'intersection de la rue Sherbrooke (au sud de celle-ci, du côté ouest du boulevard Saint-Laurent), juste en face du Doux Paradis.

L'immeuble, propriété de la Communauté hellénique de Montréal, était classé Monument historique. Il était aussi délabré que La Maison Hantée.

Il y avait une cabine téléphonique à l'entrée du Doux Paradis.

— ... la porte est barrée.

— Mets-toi en d'ssous du balcon. J'vas t'lancer la clef !

Aussitôt dit, aussitôt fait. Il a mis la clef dans un

vieux bas de laine qu'il a laissé choir à mes pieds avec une précision de parachutiste.

— C'est au cinquième, à droite... Appartement six.

J'ai eu du mal à ouvrir la porte d'entrée. Il m'a fallu forcer un peu la serrure.

Je n'ai jamais lu Stephen King et je n'ai pas vu une seule adaptation cinématographique de ses histoires d'horreur, mais j'ai tout de suite reconnu son décor.

J'avais devant moi deux escaliers également sombres. Je n'ai pas pu m'empêcher de prendre celui qui descendait. L'ampoule du rez-de-chaussée était brûlée, mais il y avait de la lumière en bas.

Il y avait certainement des rats...

Never push the rat in the corner. Je pense que c'est Alan Katz, le premier agent de Diane Tell, qui m'a un jour donné ce conseil. Je m'en suis rappelé en entrant dans « la chambre des machines ».

Je me suis arrangé pour faire un maximum de bruit et j'ai évité les quatre coins. J'ai regardé partout, mais il n'y avait rien à voir, à part une énorme fournaise qui grinçait des dents, comme ma grand-mère.

Je suis remonté et je me suis engouffré dans l'autre escalier.

La porte de son appartement était ouverte.

— All right !

Il avait l'air content de me voir.

— J'ai pas eu l'temps d'faire le ménage...

C'était un euphémisme.

Le ménage ? Sur la table de cuisine, il y avait une boîte de café Mario, un cendrier qui débordait, une dizaine de bouteilles de bière vides, des *picks* de guitare et deux ou trois tranches de ce qui avait dû être du pain blanc enrichi, des assiettes sales et un dictionnaire assez « déconcrissé », merci. Le ménage ? Faire le ménage là-dedans était aussi inutile que d'essayer de classer des feuilles mortes avant de les ensacher...

Les autres Colocs étaient là. Nous avons rapidement fait connaissance. Une bière, un joint, un café instantané.

— C'est pas du Mario ?

— C'est du Nescafé. On a des problèmes financiers ces temps-citte...

— Vous avez pas d'problèmes financiers, vous avez pas d'argent, c'est pas pareil...

Dédé leur expliqua un peu ce que j'avais fait.

— Y nous a trouvé une dizaine de *gigs*. Ça marche de même à l'Immigration... Y nous reste jusse à aller chercher le permis d'travail de Pat. C'est un permis d'six mois pis ça coûte cent piasses...

Mais déjà, les gars n'écoutaient plus. *Pat était là pour rester.* C'était tout ce qui comptait à leurs yeux.

Dédé n'en avait cependant pas fini avec moi.

— Y'est où ton contrat ?

— J'en ai pas d'contrat...

— On est à l'Empire des Futures Stars cette semaine. On a gagné la demi-finale. J'pense qu'on va
s'rendre jusqu'au boutte...

Je l'ai interrompu.

— Avez-vous signé l'contrat d'l'Empire ?

— On a *rien* signé.

Serge Robert et Dédé avaient répondu en même
temps.

— J'viens d'lire le règlement : parmi les commanditaires du concours, il y a trois compagnies de
disque. (Je crois me rappeler qu'Audiogram était du
nombre. J'ai oublié les noms des deux autres.) Les
gagnants d'l'Empire aboutiront chez l'une ou
l'autre. C'est un tirage au sort qui en décidera.

— All right !

Dédé s'était réjoui trop vite... Il y avait un
bémol...

Le label qui hériterait des Colocs ne risquerait
pas grand-chose... En contrepartie des droits exclusifs que lui céderaient les Colocs, il n'aurait pas
d'autre obligation que celle d'enregistrer au moins
une chanson, de la graver et d'en mettre mille cinq
cents copies dans les magasins avant telle ou telle
date. À l'expiration d'un délai de dix-huit mois, il
conserverait ses droits exclusifs pour une période
additionnelle de vingt-quatre mois, en mettant mille

cinq cents autres copies du « simple » dans les magasins...

— En gagnant l'concours, vous risquez de retarder l'enregistrement de votre premier album d'au moins deux ans...

— Qu'est-ce qu'on fait ? Tout l'monde dit qu'on va gagner...

— J'pense que vous devriez rester à l'Empire aussi longtemps que vous s'rez pas obligés d'signer. Entre-temps, j'vais essayer d'vous trouver un contrat de disques. Si j'y arrive pas d'ici une semaine, y sera toujours temps d'signer l'contrat d'l'Empire...

* * *

En redescendant l'escalier, j'ai failli trébucher dans une bicyclette que je n'avais pas remarquée en montant.

Je me demandais encore si Pat avait vraiment le sida...

J'avais vaguement l'impression d'en passer une p'tite vite à l'Empire...

Je n'avais encore aucune idée de ce que je ferais des Colocs et je me demandais s'il y avait vraiment des rats dans la « chambre des machines »...

On a signé !

Avant de passer un coup de fil à Ian Tremblay, le p-d.g. de BMG-Québec, à qui j'avais l'intention de refiler les Colocs, je me suis arrêté au Doux Paradis.

J'y suis resté une heure environ, à ruminer tout cela et à me demander si j'avais vraiment envie de frayer avec la bande d'« iconoclastes » que je venais de rencontrer.

Si Pat disait vrai, les mois à venir seraient certainement très éprouvants. Il mourrait à petit feu, à des milliers de kilomètres de chez lui, à l'aube de sa vingt-huitième année, dévoré par un virus mutant et malfaisant qui affaiblirait lentement ses défenses immunitaires. Il aurait froid et il paniquerait quand il sentirait le tapis lui glisser sous les pieds.

Avec un peu de « chance », il mourrait à la So-crate, en buvant un dernier coup avec les Colocs, dans une apothéose de fragrances, de couleurs et de musique... mais rien n'était moins sûr.

Dans la vraie vie, il était probable qu'il mourrait comme tout le monde et que sa fin serait misérable.

Les Colocs n'en sortiraient certainement pas indemnes et si je prenais le bateau avec eux, je risquais évidemment d'avoir mal, moi aussi.

Mais je suis joueur...

J'ai dû commencer par me dire qu'une histoire qui commençait sous d'aussi sinistres augures avait toutes les chances de mal tourner et j'ai dû m'imaginer que j'étais assez fort pour conjurer le mauvais sort à moi tout seul.

Je ne savais pas encore si j'allais dire oui, mais je savais déjà que je ne dirais pas non. Edgar Allan Poe appelait ça « le démon de la perversité ».

J'ai fini de manger le mauvais club sandwich qu'Onasis m'avait servi en entrant et j'ai salué le vieux Chinois qui lavait la vaisselle dans le cagibi qu'Onasis lui avait fait construire entre l'armoire à vaisselle et les toilettes.

* * *

Plus tard, au téléphone

— Salut Ian !
— Salut *Ramon* !
— As-tu entendu parler des Colocs ?
— Y sont-tu avec toé ?

46

— Y t'intéressent-tu ?

— Sont pas à l'Empire des Futures Stars ?

Je connaissais assez bien Ian Tremblay. Je lui avais déjà amené Richard Desjardins et Térez Montcalm.

— Celui-là (je parlais de Dédé), c'est un authentique Bleuet du Lac-Saint-Jean. Comme tu les aimes.

— Alma ou Chicoutimi ?

— Saint-Thomas-Didyme.

Il s'était esclaffé.

— Quand j'étais jeune, j'pensais qu'Saint-Thomas était le plus p'tit village du monde... un peu comme le village d'Astérix. Je ne peux pas ne pas signer le seul gars d'Saint-Thomas qui a des chances d'enregistrer un album avant d'mourir...

J'ai tout de suite attaqué.

— Si tu les veux...

— Mets-en que j'les veux ! Parle-moi plutôt de c'que toé tu veux.

— Un album ferme avec garantie d'sortie en février, quinze pour cent du prix de gros catalogue, deux options max, la direction artistique, un budget ferme de quatre-vingt-dix mille dollars...

— T'as besoin d'une réponse pour quand ?

— Dans quarante-huit heures. Y ont pas encore signé l'contrat d'l'Empire. Y s'poussent d'la directrice. Mais si j'les signe pas ailleurs dans les jours qui viennent, elle va finir par les pogner...

— J'téléphone à Toronto.

Il m'a rappelé le lendemain matin.

— Ça marche. Envoye-moé ta « liste d'épice-
rie ». J'te sors le contrat la s'maine prochaine.

* * *

On m'a souvent demandé pourquoi j'avais « vendu les Colocs » à une multinationale. C'était d'autant
plus surprenant que j'étais et que je suis encore *full*
souverainiste.

Un : BMG-Québec avait des sous et il en faudrait beaucoup pour lancer les Colocs.

Deux : Ian Tremblay avait ses entrées chez RCA-
Victor, la petite cousine française de BMG-Québec.

Trois : BMG-Québec était alors distribuée par
Rosaire Archambault, le président de Distributions
Sélect, et Rosaire était mon chum.

Quatre : l'attachée de presse de BMG-Québec,
Lise Raymond, était l'admiratrice numéro un des
Colocs.

Cinq : BMG était alors la seule boîte capable de
signer un artiste le lundi et de le faire « rentrer en
studio » la même semaine...

* * *

Quand j'ai raccroché le téléphone, ma décision était prise. J'allais rester avec les Colocs, le temps de m'assurer que Pat aurait son permis de travail et le temps de négocier les termes et conditions de leur contrat avec BMG-Québec.

Je ne voulais pas être là quand le ciel leur tomberait sur la tête.

* * *

Le lendemain, au Doux Paradis

> *Chu t'allé m'chauffer les fesses au bureau du B.S.*
> *Ben on peut pas t'aider si t'as même pas d'adresse*
> *Ça fait qu'ch't'allé tchéquer un p'tit logement deux pièces*
> *On peut pas t'le louer, t'as même pas d'B.S.*
> *(...)*
> *Y a l'Armée du Salut, pourquoi tu vis dans' rue*
> *J'ai dit ben passe-moé la puck pis j'vas en compter des buts ! Yo !*
> (André Fortin, *Passe-moé la puck*)

Après avoir « bummé » sa cigarette du matin à la serveuse du Doux, Dédé s'était soudainement mis à casser du sucre sur le dos des baby-boomers.

— Vous avez pris deux tours... Vous êtes au pouvoir depuis 1970... Vous avez perdu l'référendum... Vous rêvez pu à rien... Vous nous avez monté un bill... Vous faites du lard à la ceinture... Vous êtes des révolutionnaires en pantoufles...

— J'suis arrivé à Montréal en 1969. Cette année-là, tout l'monde a « droppé » en même temps. J'ai vu *Hair* à la Place des Arts pis l'*Ostid'show* au Théâtre de Quat' Sous. J'ai vu *Easy Rider* et *Clockwork Orange*. J'ai lu Kerouac et Jack London. J'ai vu Armstrong marcher sur la lune. J'ai vu...

— T'en as vu des affaires !

Ça m'a fait rire.

— Chu content qu'tu m'arrêtes. J'commençais à m'ennuyer moi-même...

Il a commandé deux œufs saucisses, des patates jaune orange et un café filtre pâle comme une camomille. Je l'ai regardé manger. Il picorait dans son assiette et tambourinait en même temps sur un coin de la table.

J'ai essayé de lui parler de l'Empire des Futures Stars, d'Immigration Canada, de BMG-Québec et de Pat, mais il avait la tête ailleurs.

— Ça m'arrive de g'ler ben raide... Une fois, j'ai figé. J'bougeais pu pantoute. J'étais comme prostré. J'avais perdu mon focus. J'étais décentré... Tu m'suis-tu ?... J'voulais mourir, mais j'savais pas comment...

Il cherchait ses allumettes.

— Le docteur m'a rentré à Notre-Dame... C'est ma sœur Dorice qui m'a sorti d'là. Chu resté un an chez elle. Après ça, j'ai travaillé pour mon frère Normand à Sorel... Ça faisait vraiment mal...

J'ai soudainement eu envie d'aller prendre un peu d'air.

— Bumme-toé don' une aut' cigarette. J'pense que j'vas aller mettre deux piasses dans l'parcomètre.

— T'es pas v'nu à pied ?

— T'as raison. Une piasse ça va être assez...

Quand je suis revenu, il s'était ressaisi un peu. Nous avons parlé de choses et d'autres.

— Veux-tu voir les gars ?

— Demain ?

* * *

Le lendemain après-midi

Je l'ai appelé de la cabine du Doux.

— Lance-moé l'bas.

— All right !

Le bas de laine (ai-je écrit qu'il était sale ?) a virevolté dans les airs avant de se poser à mes pieds comme un papillon blessé.

J'ai grimpé les marches quatre à quatre. La porte de l'appartement de Dédé était ouverte. Un drôle de petit chien noir et blanc en est sorti en jappant comme un caniche. Il s'appelait Bronski, comme le personnage d'Edika.

Mike et Pat « jammaient » dans un coin.

— In the delta of Chicago...

— Y dit qu'y vient d'Chibougamau.

— ... lived a man named Leroy Brown...

— J'pense qu'y parle de Charlie Brown, là.

Mike avait une voix de vieux bluesman. Une voix grave, à la Johnny Cash. Pat lui donnait la réplique en français. Ils ne se comprenaient pas, mais ils s'entendaient comme cul et chemise.

— And if you go downtown you better just beware...

— J'crois qu'y vend des Tupperware.

Dédé feuilletait un album de photos en noir et blanc, un album de Doisneau, je crois.

Quelqu'un est allé chercher des cafés au Doux.

Quand Pat, Mike et les autres l'ont rejoint à table, Dédé a immédiatement pris la parole. Il était d'ailleurs toujours le premier à parler. Cette fois-là, il s'était contenté de me passer la puck.

— Raymond a des nouvelles.

J'ai saisi la balle au bond.

— J'ai une offre de BMG-Québec.

Jimmy : « Quand est-ce qu'on rentre en studio ? »

— La s'maine prochaine si vous voulez.

Dédé : « On a un budget de quatre-vingt-dix mille dollars. »

— Vous choisissez vot' réalisateur, le studio, les musiciens, les chansons, la jaquette de l'album, tout.

Mike : « Is this a world deal ? »

— Pour vous autres, le monde c'est le Québec, le Canada français, la France, la Suisse, la Louisiane, le Benelux...

Jimmy : « C'est quoi ça, l'Benelux ? »

— Ça comprend la Belgique, les Pays-Bas pis le Luxembourg.

Dédé (pour Mike) : « It's the french market, you know... »

Mike : « What's les Pays-Bas ? »

— Netherlands.

Mike : « Is Netherlands a french country ? »

Dédé : « The world is french, my man. »

Son anglais « petit nègre » était irrésistible et ponctué de « you see » et de « you know » tout aussi irrésistibles.

Serge : « On fait quoi avec le contrat d'l'Empire ? »

— Écoute-ça.

Je lui ai lu deux ou trois articles du contrat. Ça l'a convaincu. Je me suis alors tourné vers Dédé.

— Ça veut dire pas d'album avant deux ans, peut-être trois.

Dédé : « Pas l'temps d'attendre. On signe avec BMG. »

Serge : « Combien tu nous charges pour faire la job ? »

— Trois mille dollars en tout. Mille cinq cents demain midi, le solde à la signature.

Serge : « On n'a pas beaucoup d'argent... »

— J'sais.

Dédé : « On va trouver l'argent. »

Il y aurait eu plein d'autres choses à dire, mais déjà Mike avait repris sa guitare et s'était remis à chanter :

I might have fought tougher men
But I really can't remember when
He kicked like a mule
And bit like a crocodile
(Johnny Cash, *A Boy Named Sue*)

Ça tombait bien pour moi. C'était un de mes « airs favoris de toujours » comme on dit à Radio Ville-Marie.

Pat s'est choisi un harmonica (il en avait cinq ou six à la ceinture) et Dédé s'est installé à la batterie.

Un Indien cri, un Français d'France presque certainement sidéen et un Bleuet du Lac... Ça aurait dû être la tour de Babel, mais leurs âmes s'accordaient comme si, dans une vie antérieure, ils avaient traîné ensemble sur Beale Street et dans les champs de *zydeco* de la Louisiane.

Le dentier de Pat trônait sur la table. Mike s'était roulé un « dutchie » et le faisait circuler dans le sens des aiguilles d'une montre. Dédé tambourinait sur la grosse caisse de Jimmy en souriant de toutes ses fausses dents, comme Ray Charles. À les regarder fumer, manger et boire, à les entendre chanter et à les voir se taper sur les cuisses, j'en oubliais presque que Pat était condamné à mort.

* * *

Aparté

En lisant ce dernier paragraphe, Lise me fait remarquer que j'ai l'air de faire une fixation sur leurs dents. C'est vrai.

Dédé avait un partiel qui passait le plus clair de son temps en dehors de sa bouche. Jimmy aussi avait un partiel. Quant à Pat, c'est un dentier qu'il portait. Il avait d'ailleurs l'habitude de le laisser traîner partout, y compris sur les sièges d'avions. Ils n'avaient pas trente ans et ils avaient des gueules de p'tits vieux.

* * *

Avant de partir, il a fallu que je joue à « tirer le bas » avec le pauvre Bronski, qui enrageait d'avoir été coupé de la meute tout l'après-midi. Il m'a suivi jusqu'au deuxième étage, en pointant une de mes poches comme un irish setter, sûr qu'il était que j'y cachais des biscuits de chien... Il a fallu que je montre patte blanche pour qu'il consente à remonter, en jappant, évidemment.

En claquant la porte du 2116 (c'était la seule façon de la fermer), j'ai remarqué une affiche que je n'avais pas vue en entrant. La fille sur l'affiche s'appelait Cha Cha da Vinci. C'était la voisine de Dédé. Je l'avais croisée au troisième étage. Quelqu'un avait griffonné « sexy bomb » sur le minuscule corsage de sa mini-robe. Juste en bas du graffiti, il y avait d'écrit « Cha Cha da Vinci and the Mobs ».

Plus tard, au lancement du premier album des Colocs, je l'ai entendue dire que Dédé avait été son premier batteur.

— Ladies and gentlemen. The kinky boy on the drums, y s'appelle André Fortin. He used to be my drummer. Y me r'gardait les fesses toutes les soirs...

Puis elle avait chanté *Déshabillez-moi* de Juliette Gréco en lançant des œillades à la cantonade.

* * *

J'ai marché jusqu'au Mont-Royal Hot Dog. Je m'y suis arrêté cinq minutes, le temps de commander un B.L.T. pour emporter.

Quand je suis rentré chez moi, le téléphone sonnait. C'était Dédé.

— As-tu un peu d'temps pour moé ?
— J'en ai déjà pas beaucoup pour moi...
— Onze heures demain matin au Doux ?
— Onze heures au Doux demain matin.

Le lendemain matin, au Doux Paradis
(Le Sweet Paradise qu'Onasis avait dû débaptiser because
la loi 101)

— Ça m'gêne de t'parler d'ça.

— Chante-lé si c'est trop dur.

— J'arrive pas... Mon loyer est en r'tard de six mois, j'ai pas fait mes impôts depuis cinq ans, j'dois douze mille piasses aux Prêts et Bourses pis deux mille à mon frère Normand.

— Tu vis comment ?

— On est *toutes* su' l'B.S.

— Serge Robert aussi ?

— Non. Pas Mononc' Serge.

— C'est qui ton propriétaire ?

— La Communauté hellénique.

— Écoute. J'vas vous négocier des cachets. Quatre mille dollars chacun pour enregistrer l'album pis deux mille de plus pour toi pour assister le réalisateur. Veux-tu que j'prenne arrangement avec la Communauté hellénique ?

— Ça s'ra pas facile... On est huit locataires dans l'bloc, mais y pensent qu'on est trois ou quatre. Mike squatte au troisième. Brasse-les pas trop...

À un moment, il a aperçu Nicole Bélanger. Elle marchait sur le trottoir d'en face. Il lui a fait signe d'entrer.

— Ma blonde... mon gérant.

Elle travaillait dans une boîte de pub. Elle était maquettiste, je crois. Elle était moins que ravie de me voir. Ça ne m'a pas surpris outre mesure...

Quand un gérant établi débarque dans le petit monde d'un artiste, il piétine généralement bien des plates-bandes. La blonde du gars se sent tout de suite menacée, un peu comme si elle devinait qu'en changeant de ligue, son chum s'empresserait aussi de changer de blonde. Elle a d'ailleurs raison neuf fois sur dix...

Idem pour la gang de l'artiste qui sera inévitablement tassée sitôt que la « mafia » du showbusiness aura mis le grappin sur leur chasse gardée.

— Nicole a des idées pour la pochette de l'album.

J'ai demandé à voir ses maquettes. Je l'ai sentie tiquer... Elle a pris prétexte de n'importe quoi pour nous fausser compagnie (elle habitait tout près).

Avant de « l'ver l'fly » (l'expression est de Dédé), nous avons fait le point.

L'Empire des Futures Stars : Dédé irait à la rencontre de la directrice. Il retirerait la candidature des Colocs.

— La madame s'ra pas contente...

BMG-Québec : je m'assoirais avec Pierre Charbonneau, l'avocat de la boîte, et je tâcherais d'en venir à une entente dans les quarante-huit heures.

— Si tout s'passe bien, on signe vendredi après-midi.

* * *

Le surlendemain, au 2116

À ma demande, Dédé avait réuni ses turbulents Colocs.

— On va lire le contrat ensemble.

J'ai lu le contrat article par article. Des contrats de disques, j'ai dû en négocier une centaine au cours de ma carrière, mais celui de BMG était un poème...

Je leur ai lu les trente-six pages du contrat . J'aurais aussi bien pu leur lire la Bible en hébreu, ça n'aurait pas changé grand-chose...

— Autrement dit ?

— Autrement dit, vous avez quatre-vingt-dix mille dollars pour enregistrer l'album, il n'y aura aucune ingérence de BMG-Québec du moment que vous enregistrez les cinq chansons du démo, c'est-à-dire *Dédé, Juste une p'tite nuite, La rue principale, Julie* pis *Je chante comme une casserole.* Tu choisis le réalisateur et le studio et tu as un droit de regard sur tout le matériel promotionnel.

— All right ! À propos, on t'doit encore mille cinq cents...

— Vous m'devez rien.

— Pourquoi ?
— Parce que vous les avez pas.

* * *

Jeudi soir, au Café Campus

Nous avons signé le jeudi matin, dans les locaux de BMG-Québec. Le soir, je me suis rendu au Café Campus. Les Colocs y tenaient l'affiche.

Je suis arrivé en retard, comme d'habitude.

Du fond de la salle, j'ai aperçu Dédé qui glissait dans l'allée principale comme un joueur de curling. Au bout de sa glissade, il remontait l'allée en courant puis il la redescendait sur les genoux en criant : ON A SIGNÉ ! ON A SIGNÉ !

Il était beau comme Jean-Louis Barrault dans *Les enfants du Paradis.*

Il était survolté. Toute la salle était branchée sur lui. Il générait une telle énergie qu'il aurait pu ramener la moitié des filles chez lui et enrôler la moitié des gars dans son armée personnelle s'il l'avait voulu.

Je suis parti avant la fin.

Je pars souvent avant la fin.

Le 2116

C'est effrayant ce qu'on en a des choses et des gens
qui ne bougent plus dans son passé.
Les vivants qu'on égare dans les cryptes du temps
dorment si bien avec les morts
qu'une même ombre les confond déjà.
On ne sait plus qui réveiller en vieillissant,
les vivants ou les morts.
(Louis-Ferdinand Céline)

Le 2116 a été un temps, sans qu'on s'en rende compte, un des hauts lieux de la contre-culture montréalaise. Les six ou sept lofts du vieil immeuble étaient rarement tous occupés en même temps, il y faisait noir comme chez le loup, la plomberie était rouillée et friable, il y avait des « racoins » partout – une chatte y aurait perdu ses petits –, la fournaise « débarquait » un jour sur deux, les plafonds coulaient, mais « la place était hot », comme disait Christian Moquin.

Il y avait un sculpteur au premier, un chien, un origamiste et un photographe au troisième, un guitariste rockabilly et une « diva » au quatrième.

Patrick Esposito « di » Napoli avait sa « piaule » au deuxième et Mike Sawatzky squattait juste en face, derrière un panneau de gypse...

Officiellement, Dédé habitait au cinquième, dans le loft le mieux éclairé du vieil immeuble, mais il y avait des choses à lui dans tous les autres « aparts ».

* * *

Parenthèse

C'est au 2116 que le jeune André Fortin, qui relevait à peine d'une profonde dépression qui avait failli lui être fatale (c'est un miracle qu'il ne se soit pas suicidé à ce moment-là), s'est donné le surnom qui lui est resté jusqu'à la fin.

Dédé Fortin, c'était le chanteur des Colocs.

L'autre, celui qui avait tenté de se suicider, l'étudiant en cinéma, le « pessimiste avec une grosse tête qui avait d'la suite dans les idées », c'était André. Ses onze frères et sœurs ne l'ont jamais appelé autrement.

* * *

La « ménagerie » du 2116 était plus homogène qu'il n'y paraissait à première vue.

François Boucher était photographe, trappeur et chasseur à l'arc. Il ressemblait un peu à Radisson.

Christian Moquin était dessinateur, peintre, ébéniste, origamiste et infographiste chez Softimage.

Cha Cha était la star et l'attraction principale de Cha Cha da Vinci and the Mobs.

Louis Léger, que j'appelais Tony, jouait de la guitare dans un band rockabilly. Je pense que c'était Costar le Soir. Il a été le premier directeur de tournée des Colocs. Il était preneur de son à la SRC.

Mike Sawatzky était le *soulman* de Dédé (l'expression n'est pas de moi). Il jouait de la guitare électrique, de la *slide guitar*, de l'harmonica et du saxophone. Il avait une voix à la Johnny Cash et une âme si frileuse qu'elle passait le plus clair de son temps cachée...

Patrick Esposito « di » Napoli était harmoniciste. Il avait fait la manche à la gare Montparnasse. Il était bouddhiste et il faisait un excellent couscous...

Quant à Bronski, il était « le chien de la place ». Entre eux, c'était donnant, donnant.

Ils lui prêtaient des mots, Dédé leur rendait des poèmes... Ils lui prêtaient des couleurs, il leur rendait des arcs-en-ciel...

* * *

Le cahier bleu

Il m'attendait au Doux. Onasis lui avait servi un club viande blanche comme il les aimait et il le dévorait avec un appétit d'ado en épluchant le cahier des sports du *Journal de Montréal* de la veille.

— Calimera Jimmy.

— Calimera monsieur Raymond. Long time no see...

Dédé était si absorbé par ce qu'il lisait qu'il avait fallu que je lui arrache son journal.

— Salut Dédé.

— Yo !

J'ai attendu qu'il ait posé sa fourchette dans son assiette vide.

— Et alors ?

— Et alors, rien... As-tu un peu d'temps ?

— Un peu.

— J'aimerais ça t'faire lire mes textes...

On est montés chez lui. Bronski est arrivé en courant. Il avait une balle de tennis dans la gueule et il branlait de la queue comme un chiot. Il nous a suivis jusqu'au loft de Dédé. Il avait « du fou » à lâcher et c'était avec moi qu'il voulait jouer. Il avait si bien mâchouillé son affreuse balle de tennis sale qu'elle me soulevait le cœur.

J'ai essayé de le lui dire.

— Ah ! Bronski... Bronski... Bronski...

Mais je ne trouvais pas les mots. Il est vrai que les grandes douleurs sont muettes...

Dédé s'était mis à la guitare.

Heureux d'un printemps
Qui m'chauffe la couenne
Triste d'avoir manqué
Encore un hiver
(Paul Piché, *Heureux d'un printemps*)

— J'avais quatorze ans quand Piché a écrit ça. Ça m'a pris deux s'maines à pogner les accords. C'est un d'mes frères qui m'les a montrés.

Je n'avais pas encore eu le temps de m'en étonner que déjà, il enchaînait avec *Je cherche une petite fille*, la très belle chanson de Nino Ferrer.

— Lis ça.

Il y avait trois cahiers sur la table. J'ai pris le bleu. Je lisais... il chantait... et Bronski nous fixait. C'était assez surréaliste.

Il avait recopié tout *Paysage*, le poème de Charles Baudelaire qu'il allait finir par mettre en musique après *Dehors Novembre*.

Je veux, pour composer chastement mes églogues,
Coucher auprès du ciel, comme les astrologues,
Et, voisin des clochers, écouter en rêvant
Leurs hymnes solennels emportés par le vent.
(...)

Comme il est doux, à travers les brumes
De voir naître l'étoile...
(Charles Baudelaire, *Paysage*)

Il y avait des pages en prose, maladroites comme les pages d'un journal intime, et des dizaines d'alexandrins classiques.

Dans un bas de page, il avait noté un aphorisme de Cioran : « La mort est un fléau quelconque. Le vrai fléau est derrière nous. Nous avons tout perdu en naissant. »

Il avait souligné la dernière phrase en rouge.

Il recopiait toutes sortes de choses. Des titres de livres (*Comment réussir à échouer, Le mal de lune, Neiges noires, Le monde de Sophie,* etc.), des recettes de cretons « maison », des mots d'auteurs, des pensées... jusqu'au récit du suicide rituel de Yukio Mishima, survenu en novembre 1970, au terme d'une tentative politique désespérée qui avait frappé l'imagination du monde entier.

J'suis snob, foutrement snob
Et quand je serai mort
J'veux un suaire de chez Dior
(Boris Vian, *J'suis snob*)

Le contraste entre ce Dédé-là (le chanteur des Colocs) et l'autre (celui que je venais de lire) était saisissant. Les deux étaient dithyrambiques, mais le second avait en plus quelque chose de Gérard de

Nerval et de Romain Gary, quelque chose de pathétique, d'un peu tordu et de perdu d'avance qui ne me disait rien de bon.

À croire qu'il avait douloureusement pris conscience de la fatalité qui pesait sur lui et qu'il couvait une sorte d'instinct de mort qui n'attendait que la bonne occasion pour se manifester.

Je n'ai pas fait le lien ce jour-là. Mais en recollant les morceaux, je réalise que la plupart de ses maîtres à penser étaient suicidaires.

Hubert Aquin, l'auteur de *Neiges noires*, que Dédé admirait particulièrement, s'est enlevé la vie le 15 mars 1977.

Aujourd'hui le 15 mars 1977, je n'ai plus aucune réserve en moi. Je me sens détruit. Je n'arrive pas à me reconstruire et je ne veux pas me reconstruire. C'est un choix. Je me sens paisible, mon acte est positif. C'est l'acte d'un vivant. N'oublie pas en plus que j'ai toujours su que c'est moi qui choisirais le moment. Ma vie a atteint son terme. J'ai vécu intensément. C'est fini.
(Hubert Aquin, 15 mars 1977)

Yukio Mishima a réalisé un film qui préfigurait sa propre mort.

Dans *Vie et mort* d'Émile Ajar, Romain Gary dénonce le pharisaïsme des critiques parisiens et révèle la supercherie qui lui a permis de gagner deux fois le prix Goncourt (une fois dans la peau de

Romain Gary, et l'autre dans celle d'Émile Ajar).
Les mêmes critiques qui avaient éreinté Romain
Gary (« dépassé », « redondant », « out »...) avaient
évidemment salué en Émile Ajar un auteur consi-
dérable et rafraîchissant et tout le blablabla...

À la fin de son petit livre fielleux, Gary fait un
bras d'honneur aux critiques sur l'air de « Je vous ai
bien eus... je me suis bien amusé... merci, bonsoir »
avant de se tirer une balle dans la tête.

* * *

Divertimento

Bronski avait la queue entre les jambes. La musique de Dédé lui mettait les nerfs en boule et il n'arrivait pas à me distraire de la lecture du cahier bleu.

N'en pouvant plus, il risqua une manœuvre de
diversion. Il se planta devant moi et se mit à aboyer
comme s'il avait perdu un chien de sa chienne.

— Couché, Bronski !

Dédé s'était composé une tête de shérif.

— La ville est trop p'tite pour toé pis moé sale
bête... R'garde-moé pas comme ça. J'ai-tu l'air de
quelqu'un qui va t'donner un biscuit d'chien ?

Bronski n'était pas certain d'avoir bien compris.
Il sentait bien que Dédé le cherchait, mais il ne savait pas trop ce qu'il lui voulait au juste. Il se méfiait

de lui comme ma mère se méfiait de mon père, mais comme elle, il était incapable de ne pas lui faire confiance.

Décontenancé, il avait risqué une courte salve d'aboiements. C'était *la* chose à ne pas faire.

Dédé se rua sur le très vieux meuble qui lui servait de table de travail. Il ouvrit le tiroir du milieu et en sortit la minuscule trompette que Bronski haïssait tant. Il en usait un peu à la façon d'une corne d'appel, du genre de celles qu'on utilise pour sonner le réveil des cadets de la marine ou pour les passer en revue.

— Tut, tut, tut, tut, tut...

C'était une trompette de cavalerie. Bronski avait beau avoir la queue en trompette (authentique), le timbre de l'instrument de Dédé ne lui en écorchait pas moins les oreilles.

— Ladies and Gentlemen...

Il n'y avait que Bronski et moi dans la « salle », mais Dédé était en représentation. Ça devait vouloir dire qu'on était le public...

— Je vais maintenant vous fairrr' fairrr' le tour du propriétairrr'... Tut, tut, tut, tut, tut... Garde-à-vous !

Il était le guide parfait. Il n'en faisait pas trop. Il avait la clef de la plupart des appartements, mais il ne nous montrait pas tout.

— C'est icitte qu'on jamme.

Nous étions au deuxième, dans ce qui avait été un temps le squat de Mike.

— La nuit, quand j'dors pas, j'réveille tout l'monde. On jamme jusqu'à c'que la lumière du dehors nous arrache les yeux. C'est l'extase totale... C'est mieux qu'l'amour. C'est bon comme avant la naissance...

— Fatigue-toi pas, j'ai lu ton cahier... Cioran est un naufrageur, un empoisonneur...

— Liberté, bonheur, espace... C't'ait toute là avant qu'on vienne au monde.

— Y dit aussi qu'un livre, c'est un suicide différé...

* * *

À l'étage du dessus, Bronski, qui nous avait faussé compagnie quand Dédé avait fait mine de se mettre à la batterie, aboyait maintenant sans aucune espèce de retenue.

— Y reste au troisième.

On est monté ensemble. La porte s'ouvrait tout juste quand nous avons atteint le haut de l'escalier.

— Salut François.

François, c'était François Boucher, le père adoptif de Bronski et le coloc de Christian Moquin. Il nous a fait entrer. Christian est arrivé sur ces entrefaites. Nous avons parlé jusqu'à une heure avancée.

Vers les trois heures du matin, Dédé et moi avons « l've l'fly ». Bronski nous a suivis.

— Un dernier verre ?

Il a fait sauter le bouchon d'une Molson Dry sur le rebord du lavabo. Il l'a ramassé par terre, puis il me l'a tendu.

— Es-tu capable de l'plier ?

— J'plie rien après minuit...

Nous avons parlé jusqu'au matin. Il m'a montré les harmos de Pat, la guitare de Louis, les dessins et les origamis de Christian, les photos et les armes de chasse de François, et il m'a lu quelque chose d'Hubert Aquin, que je viens de retrouver dans *Point de fuite*, paru en 1961 :

Dans ce pays désagrégé qui ressemble à un bordel en flammes, écrire équivaut à réciter son bréviaire, assis sur une bombe à nitroglycérine qui attend que la grande aiguille avance de trois minutes... pour étonner.
(Hubert Aquin, *Point de fuite*, 1961)

— Aimes-tu ça ?

— Beaucoup.

— À quoi tu penses ?

— À rien.

* * *

Je suis rentré chez moi juste avant l'aube. Je me suis servi un calvados que j'ai bu dehors, sur ma terrasse, en comptant les poils sur mes bras.

Je pensais à mon père qui n'en finirait jamais de recommencer son premier livre.

À François Boucher, qui venait de me dire que Dédé s'enfermait parfois des jours et des nuits dans son appart.

— Y pleure tellement fort qu'on l'entend dans tout l'immeuble...

Je pensais à Bronski... C'était un bon chien, Bronski. Il a d'ailleurs fini par décrocher un premier rôle dans *Master Quok, The Advenger of the Night* (ou *Terreur dans le Chinatown*), le premier court-métrage de Dédé, tourné en super 8, au 2116. Il y tenait le rôle du chien.

Ma dernière pensée avait été pour Dédé.

Je crois bien que j'avais déjà un peu peur pour lui...

* * *

L'autre jour, en revenant de chez mon ami Dompiègle (François Dompierre), je suis passé devant ce qui avait été le Doux Paradis. J'en parle au passé, parce que je me suis cogné le nez sur la porte. Il y avait une affichette qui balançait au bout d'une ficelle. Un sagouin avait écrit FERMER dessus. J'ai barré le « R » au crayon rouge, avant de regarder à l'intérieur.

Le nouveau propriétaire avait arraché les comptoirs verts lime et les banquettes rouges d'Onasis. Il avait planté un décor bleu métallique sur les ruines de ce qui avait été le quartier général des Colocs.

De l'autre côté de la rue, une grue géante fouillait les entrailles du 2116. Il y avait des « containers » tout autour de l'immeuble, pleins à craquer de toutes les babioles que les derniers colocs du 2116 avaient laissées derrière eux.

On aurait dit que les oiseaux d'Hitchcok étaient passés par là.

En m'approchant, j'ai cru reconnaître le bâton de hockey de Dédé, mais c'était peut-être celui d'un autre...

— Cé lé gars dé l'Ex-Centris...

Juste à côté du Doux Paradis, il y avait un petit horloger que Dédé aimait bien. Sa boutique était si petite qu'on n'y tenait pas à trois. Il réparait les vieux réveils de Dédé. J'étais content de le revoir.

— Quoi, le gars de l'Ex-Centris ?

— Il a toute ach'té.

— Où est passé Onasis ?

— Jimmy ?

J'avais oublié qu'il s'appelait Jimmy.

— Jimmy est morte. Il avait un cœur pour Dédé...

— Comment vas-tu ?

Il a paru surpris que je m'intéresse à lui. Nous avons bavardé un peu. Quand il est retourné dans son « trou d'homme », il avait repris du poil de la bête et sa place dans mon passé.

Wo, wo, wo, ma p'tite Julie

— Allô !

— Bebop a lula, she's my baby. Bebop a lula...

— Dédé ?

— Yo !

— Qu'est-ce que tu veux ?

— C'que j'veux... euh... la paix dans l'monde, la coupe Stanley...

— C'est tout ?

— Un club au Doux ?

— Deux clubs au Doux. Qu'est-ce qui s'passe ?

— Y s'passe que j'ai fini mon pacing. As-tu un peu d'temps pour moé ?

* * *

Plus tard, au Doux Paradis

— Écoute ça !

Dédé m'avait passé ses écouteurs. C'était Richard Desjardins.

Y a personne qui m'encule
J'ai gardé mes bons nerfs
Comment ça vaut ça, calcule
Chu déjà millionnaire
(Richard Desjardins, *... et j'ai couché dans mon char*)

— C'te gars-là a trop d'talent.
— Personne a trop d'talent...

Onasis dansait entre les banquettes en claquant des doigts au-dessus de sa tête et en cambrant les reins comme Anthony Quinn dans *Zorba le Grec.* Si le cuisinier du Mont-Royal Hot Dog ne m'a pas dit n'importe quoi, ce qu'il dansait là devait s'appeler une *sirtaki.* Il avait l'air d'être parti pour la gloire. Il avait fallu que je lui coupe le « sifflette ».

— No bacon in my club por favor, Zorba.

Il m'arrivait de l'appeler Zorba, mais le plus souvent, je l'appelais Onasis parce qu'il ressemblait comme un frère à Anthony Quinn, l'acteur qui les personnifiait tous les deux à l'écran.

— Excusez-moi monsieur Raymond...

* * *

Deux clubs, deux cokes et un « onion ring » plus tard...

— On va faire huit de mes tounes, deux de Mononc' Serge pis Séropo...

— J'ai besoin des titres. Commence par les tiennes.

— All right. *Julie, Dédé, La rue principale, Maudit qu'le monde est beau, La traversée du lac Saint-Jean, Mauvais caractère, Juste une p'tite nuite* pis *Passe-moé la puck.*

— ... cinq, six, sept, huit.

— Séropo...

— *Séropositif Boogie ?*

— C'est la toune de Pat.

— Les deux autres ?

— *Je chante comme une casserole* pis *Tout l'monde.*

— Serge Robert ?

— Yo.

Je ne connaissais pas *Tout l'monde.*

— C'est une nouvelle ?

— On la fait en show. Passe-moé ma guitare, j'vas t'en faire un boutte.

C'était une de ces petites chansons « scato » qui amusent beaucoup les gros buveurs de bière et les amateurs de burlesque. Je l'ai coupé avant le refrain.

— Dans un an, tu s'ras pu capable de l'entendre. T'en parleras à Plume Latraverse. Le tiers de ceux qui viennent le voir en spectacle sont accros à *Bobépine*, un point c'est tout. Y aurait beau la leur chanter vingt fois par soir, ça s'rait pas encore assez. Le public tire plus vite que son ombre, Dédé... Quand y t'fixe le portrait, y te l'fixe une bonne fois pour toutes. Si jamais la « crowd à Bobépine » (j'ai entendu Plume l'appeler comme ça) découvre *Tout l'monde*, tu vas t'ennuyer d'ta mère.

— J'm'ennuie déjà d'ma mère...

Nous n'en avons plus jamais reparlé. C'était inutile. Il n'aimait pas trop qu'on le pousse et je suis tout ce qu'on veut, sauf casse-couilles. La décision finale lui revenait. C'est tout seul qu'il a finalement décidé de ne pas la faire. En aurait-il décidé autrement que ça n'aurait rien changé. Je l'aurais probablement avalé de travers, mais personne ne s'en serait aperçu.

* * *

Un peu plus tard, au 2116

Il avait tiré un mégot de sa poche et il le pompait furieusement.

— J'pensais à ça...

Ça voulait dire qu'il avait quelque chose à me vendre.

— Mon album, ça fait cent fois que j'le joue en spectacle. Les tounes sont montées. J'sais exactement c'que j'veux... J'vas l'réaliser moi-même.

— Ça passera pas à Musicaction.

— Musique Action ?

Je lui avais expliqué, en très, très gros, parce que

ça ne l'intéressait pas vraiment.

— C'est un programme d'aide de Patrimoine Canada.

— C'est laid c'nom-là...

— Le programme s'adresse aux producteurs de disques. Musicaction va prêter d'l'argent à Ian Tremblay pour aider BMG à produire ton album. Tu m'suis-tu ?

— ...

— Y t'laisseront pas réaliser l'album. Y veulent un pro.

— Un pro ? C'est quoi ça un pro ? Les Colocs, c'est *mon* band. On est des amateurs, pas des hosties d'pros.

— J'ai dealé d'quoi avec Ian Tremblay. Y nous laisse le choix du réalisateur. Tu vas être son premier assistant. Si ça s'passe bien, tu vas réaliser le deuxiè-me.

— C'pas cool... Écoute... Quand Gilles Vali-quette réalise un album, le sien ou celui d'un autre, ça s'entend. Y a un son, c'gars-là. Y fait du Vali-quette. Bazinet aussi a un son. Tous les bons réalisa-teurs ont un son. Moé aussi j'ai un son...

Il avait fallu que j'insiste.

— Ces réalisateurs-là sont des artistes. C'qui nous faut, c'est un réalisateur capable de faire sonner les tounes exactement comme tu les entends. Un « fort en thème ». On va y d'mander d'réaliser *ton* album. On va lui expliquer ça en français, en anglais, en espagnol ou en grec ancien, mais j'te jure qu'y va comprendre. T'as ma parole.

— Ça s'trouve où, un réalisateur de même ?

— Aucune idée.

J'avais fini par lui promettre que nous le chercherions et que nous le trouverions ensemble, que je lui ferais signer un contrat *tight* comme une camisole de force et que je le crisserais dehors cul par-dessus tête si jamais il n'était pas content de lui.

— J'sais exactement c'que j'veux. Si l'« réal » sent les affaires, ça va être facile. Si c't'un cérébral, chu faite. La musique, c't'un art, pas une science.

— « Up to a certain level, music is mathematics and mathematics are music »...

— J'aime ça.

— C'est d'Albert Einstein.

— Y a toute compris c'gars-là.

* * *

De retour au Doux Paradis (je pense que c'était le même jour)

Il avait étalé devant lui deux ou trois maquettes de Nicole Bélanger.

— C'est des idées d'pochettes. Aimes-tu ça ?

Je n'essaierai pas de les décrire. Ce serait injuste

pour elle, parce que je ne les ai vues qu'une seule fois (c'était en 1992). Elle avait gagé sur la gauloiserie des Colocs, sur ce que les français appelaient leur « pêche », sur leur truculence, sur leur iconoclasme, sur leur attitude « rabelaisienne » et sur quelque chose qui était certainement encore là en 1992, mais qui a pris le bord le 13 novembre 1994, à 16 heures 15, le jour de la mort de Pat.

— Qu'est-ce que t'en penses ?

J'en pensais qu'elles auraient été à leur place au rayon des surgelés chez Maxi.

— Ça vieillit vite, ce genre de pochettes-là...

— Oublie ça... J'connais un illustrateur. Son nom, c'est Yvan Adam. Y fait des affiches de films. Yé hot. J'vas l'appeler.

* * *

Aparté

> *L'amour, c'est l'amour*
> *Y a rien à comprendre*
> *Moé chu pas faite pour*
> *Ça m'donne mal au ventre*
> (André Fortin, *Tellement longtemps*)

Nicole Bélanger était alors la blonde de Dédé. Je ne sais rien de ce qu'il y a eu entre eux, mais je sais qu'il l'aimait (il me l'a dit). Quand je suis débarqué dans sa vie, ils en étaient à la tombée du rideau. Je ne les ai pas vus deux fois ensemble.

Tout ce que j'ai jamais su d'elle, c'est qu'elle était la directrice artistique d'une agence de publicité et qu'elle écrivait un roman.

Quelques jours après le suicide de Dédé, nous nous sommes croisés en face du dépanneur Chez Jimmy, sur le Plateau Mont-Royal. La veille, à TVA, Paul Arcand et moi avions assez longuement parlé de lui.

Elle était triste. Elle m'a souri. Nous nous sommes embrassés... comme des amis.

— J't'ai tellement haï... J't'en voulais à mort de l'avoir attiré dans l'showbusiness. J'viens d'écrire un roman. Y a un gérant d'artiste dans l'livre. Y s'appelle Paquette. C't'un écœurant. J'pensais à toi...

— C'est agréable...

Elle avait l'air désolée. J'ai dû lui dire que je ne lirais pas son livre. J'ai dû crâner un peu... ça me ressemblerait assez.

Je viens tout juste de lire son roman (*Un jour nous épouserons Romain Gary*). C'est son éditeur qui me l'a donné. J'aimerais en dire du mal, mais j'en suis incapable. Elle a du talent, beaucoup de talent, même quand elle joue les pisse-vinaigre.

En la regardant partir, je me souviens avoir pensé qu'elle devait l'avoir beaucoup aimé.

Un soir, au 2116

— Y a un « réal » qui m'a appelé. Tu l'connais pas. Y s'appelle Robbi Finkel. Y a faite plein d'albums en France. J'pense qu'y en a faite un avec Julien Clerc. Y connaît Christian Hergott (le directeur artistique des Colocs en France).

— As-tu son numéro d'téléphone ?

— Yo. Je l'ai appelé. Y s'tient au Bagel Etc. Yé là c't'après-midi.

— Invite-le au Doux.

* * *

Plus tard, au Doux

Zorba avait « l'histoire longue ». Il parlait pour parler. Il était généralement à son meilleur entre dix et onze heures du matin, c'est-à-dire entre le déjeuner et le dîner.

— Pas capab' trois clubs... pas assez poulet... Parti chercher... You know, we sell a lot of chicken.

Il parlait lentement, comme la plupart des raseurs. Un peu comme Jacques Chirac, en étirant chacune de ses syllabes jusqu'à l'insupportable.

— We make club sandwiches, hot chicken sandwiches, chicken and rice soups, chicken wings, chicken sandwiches, chicken pies...

L'enfer !

— Do you know how many chickens they eat every day in America ?

— Oublie mon club...

Sa monographie sur le poulet avait fini par me soulever le cœur.

— Moé j'garde mon club. Robbi aussi.

Robbi Finkel avait la tête que je lui avais imaginée. Sa voix était presque inaudible. Il avait un sourire faussement gêné. Il avait l'air d'écouter...

Il arrivait de Paris. Il y avait eu des ennuis, de gros ennuis dont il m'avait longuement parlé.

— J'te dis pas. J'ai touché le fond. Terrible...

Christian Hergott, avec qui il prétendait avoir travaillé, ne se souvenait pas de lui. Il n'y avait que des trous dans son c.v.

Il était bourré de tics nerveux. Il avait une drôle de tête. Tout en lui était équivoque. Daniel Pinard dirait qu'il n'avait « aucun bon sens »... mais il tombait justement sous le sens qu'il était un grand musicien. Ça se voyait, ça s'entendait et ça se sentait.

Il avait fait ses devoirs. Il connaissait les chansons des Colocs par cœur. Entre lui et Dédé, le courant passait bien.

Ils n'avaient pas fini de manger leurs clubs qu'il était déjà acquis que Finkel réaliserait l'album, que Dédé l'assisterait et que je leur servirais d'arbitre en cas de mésentente.

— Toute parfaite monsieur Raymond ?
— *Toute parfaite* Jimmy.

* * *

Le bonheur

Les mois qui suivirent furent des mois de trente-deux jours. Dédé était en apesanteur. Pat croyait rêver. Mike et les autres flottaient.

Finkel s'était imposé d'emblée. Il avait amené ses cuivres et le violoniste Joël Zitkin avec lui. Il avait réarrangé *Julie, Dédé* et la plupart des autres chansons de l'album, et il avait si bien manœuvré que nous avions fini par engager son ingénieur du son à lui, malgré les réticences d'un peu tout le monde.

Avec Dédé, ils se bagarraient souvent, mais le petit André Fortin de Saint-Thomas-Didyme était trop *high* pour bouder son plaisir bien longtemps. Il finissait invariablement par rentrer dans le rang.

Je n'ai pas eu à arbitrer leurs petites chicanes plus de deux ou trois fois, mais leur dernière empoignade a failli mal tourner. Chacun s'était replié dans ses derniers retranchements, estimant qu'il avait fait tous les compromis et que céder là-dessus lui enlèverait le goût de finir l'album et qu'il ne demandait pas grand-chose après tout, etc.

Je les ai réunis au Doux Paradis.

— Je t'explique.

Robbi expliquait beaucoup. Quand il m'arrive de repenser à lui, il est invariablement en train de m'expliquer quelque chose...

— J'essaie d'expliquer à Dédé que les arrangements musicaux, c'est *mes* arrangements...

— C'est *mes* tounes...

C'était à l'évidence un de ces dialogues de sourds dont les artistes ont le secret et qui n'aboutissent jamais vraiment.

J'ai pris le taureau par les cornes.

— On ferme. J'annule le studio pis j'mets tout l'monde en vacances...

Ils étaient si embarqués dans l'album qu'il ne leur était pas venu à l'idée que je pourrais fermer le chantier, les privant ainsi de ce qui était devenu leur nourriture essentielle.

Quinze minutes plus tard, les parties s'étaient suffisamment rapprochées pour que je lève la sanction.

Ils avaient pris le parti d'en rire.

— Mange d'la marde, Robbi.

— Sois le bienvenu à ma table...

L'album terminé, tout le monde était content. Dédé avait tiré le maximum de Robbi. Il était content de lui, des gars, de l'album.

Finkel avait amené Dédé là où il le voulait. Lui aussi était content de lui.

Pat avait hâte d'envoyer une copie de l'album à sa mère, dans l'arrière-pays catalan, et de « rentrer sur Paris » par la grande porte, avec les Colocs.

— Jouer d'la zique au Bataclan... Tu t'rends compte, mec ?

Mike s'était payé le « trip de guitare » de sa vie. Il en avait mis plein la vue à Finkel et à Dédé. Lui aussi avait hâte d'envoyer une copie de l'album à Saskatoon.

Ian Tremblay était « gai comme un italien quand il sait qu'il aura de l'amour et du vin »...

— J'te gage qu'on est Platine en avril. Les Anglais vont capoter...

Les Anglais, c'étaient ses associés de Toronto, la gang de BMG-Canada, à qui il allait finir par livrer la bataille juridique de sa vie.

J'étais quant à moi aussi content que possible, et je me demande bien pourquoi...

* * *

Aparté

Je n'achète pas d'albums, je ne cours pas les festivals, je n'assiste à aucun spectacle, je n'ai aucune espèce d'affinité avec les « rock stars », j'haïs les lancements, les conférences de presse, les galas, les premières, la bière pis les groupies... mais j'imagine qu'il y avait autre chose puisque j'étais aussi content que tout le monde.

Je pense que c'est Dédé qui m'intéressait. Son talent, son orgueil, sa quête de vérité, son égocentrisme, sa force de caractère, son fanatisme, son goût de jouer (aux cartes, au hockey, au pool, à n'importe quoi), sa peur d'aimer et d'être aimé, son exhibitionnisme, sa fragilité, son immense curiosité, ses millions de petites peurs et l'intensité dramatique qu'il mettait dans tout ce qu'il faisait, quand il « jouait d'la zique » avec les Colocs, par exemple, quand il mangeait, quand il pleurait, quand il filmait quelque chose, quand il riait, quand il dansait, quand il jouait de la batterie, quand il jouait dans la tête de ses blondes...

Et puis, s'il n'y a pas moyen de le dire autrement, je commençais à m'attacher à lui.

* * *

Mars 1993

> *J'l'ai rencontrée au dépanneur*
> *A s'achetait une grosse liqueur*
> *J'ai dit : « Pourquoi du Pepsi ? »*
> *A dit : « C'est parce qu'j'mappelle Julie. »*
> *J'ai dit : « Ah oui ? ah bon... »*
> (André Fortin, *Julie*)

Julie est en tête de tous les palmarès, les Colocs sont « the talk of the town », la presse artistique est déchaînée. Le téléphone sonne à mon bureau et Lise Raymond, la très talentueuse attachée de presse de BMG, fait héroïquement le pont entre les journalistes et Dédé.

— Parle au « chanteur » !

C'est Lise Raymond. Je l'ai au bout du fil.

— Y veut pas faire le « front » du *Voir*. As-tu déjà vu ça, toé là-là ? Y donne d'la marde aux cameramen de Télé-Québec, y veut rien savoir d'*Échos Vedettes*, y signe pas d'autographes, y veut pu faire *Julie* à TVA...

Quand Liz m'appelait, ça voulait invariablement dire que Dédé faisait des caprices et qu'elle estimait qu'il était temps que je lui parle.

Ces deux-là passaient plus de temps ensemble qu'avec leurs conjoints réciproques. Ils se disaient tout, tout, tout.

Quand il était bien luné, il était « son beau Dédé » et elle était prête à le suivre jusqu'en enfer, à défoncer toutes les portes pour lui. Mais quand il avait sa tête des mauvais jours, ce qui lui arrivait de temps en temps, il était capable de la rendre folle en trente secondes.

— J'aime pas ça. J'fais *Passe-moé la puck* ou j'y vas pas. J'ai rien à dire à c'gars-là.

— T'as dit oui hier. Y vont être en sacrament.

— Si j'y vas, c'est moé qui va être en sacrament.
By the way, j'fais pas Coallier non plus...
 Rendue là, Liz me passait volontiers la puck.
— Parle au « chanteur »...

* * *

Zorba, le « chanteur » et moi

Ce matin-là, nous avions commandé des œufs,
des saucisses et les épouvantables petites patates rissolées qui accompagnaient la plupart de ses plats.
— Liz veut que j'fasse le front du *Voir.* J'capote
ben raide... Chu rien... j'ai jamais rien faite. J'ai
enregistré onze chansons. J'ai même pas encore
vendu cinq mille records. Qu'y l'donnent à Hubert
Reeves, leur front page, à Vigneault, à Desjardins, à
Cousteau, à Piché, à Bouchard, à Édouard Locke...
J'ai pas d'affaire là. Si j'fais l'front page tout d'suite,
ça voudra pu jamais rien dire pour moé.
— Un front page, c'est pas un diplôme, Dédé.
Ça veut pas nécessairement dire que t'as gagné la
coupe Stanley ou le Goncourt ou la 6/49... Ça veut
pas nécessairement dire non plus que t'as sauvé la
vie d'une p'tite fille ou qu'tu vas passer à Bernard
Pivot... Ça veut peut-être juste dire que toute la
presse artistique pense que les Colocs s'en viennent...
— J'veux pas faire Coallier en tout cas.

— Pourquoi ?

— Y parle trop, y sourit trop, y gesticule trop, y écoute pas...

Zorba, inopportun comme toujours, voulait absolument savoir si j'allais bien et si je voulais de la sauce brune sur mon hamburger steak.

— J'ai fini d'manger, Jimmy. J'ai fini d'manger tes *excellentes* petites patates rissolées. Chu en train d'parler à Dédé, Jimmy...

— Excusez-moi, monsieur Raymond...

Dédé avait repris le crachoir.

— J'peux-tu jusse pas faire de promotion ? J'peux-tu jusse écrire, comme Réjean Ducharme ? Jusse écrire, enregistrer, donner des shows pis faire des p'tits ?

— Ben sûr que tu peux, mais chu pas sûr que tu peux faire ça *pis* des albums à quatre-vingt-dix mille dollars en même temps. C'est BMG qui paye. Y viennent d'investir cent mille de plus dans la promo d'l'album...

— Y font d'l'argent en masse !

— Y en veulent encore plus, Dédé... Écoute-moi. Tu fais l'front page, on dit non à *Échos Vedettes* pis à Coallier, tu fais *Julie,* pis j'dis à Liz de pu rien prendre avant l'mois prochain. On s'arrange-tu comme ça ?

— All right ! J'appelle Liz. J'ai pas été fin avec elle...

Julie avait beau être en tête de tous les palmarès radio, assez curieusement, les ventes n'en plafonnaient pas moins à quinze mille copies. Les salles étaient à moitié vides. Le spectacle faisait le plein d'ados, mais les adultes se faisaient tirer l'oreille.

Dédé était furieux.

— J'chante pu *Julie*. C'pas *Passe-Partout,* mon show ! Ça m'tente pas d'chanter dans les polyvalentes. Y ont même pas l'droit d'vote là-d'dans. Si ça continue, on va finir par être commandités par Clearasil... On aurait pas dû sortir *Julie* en premier. Je l'savais...

Puis il y avait eu le clip qu'il avait coréalisé avec son ami Pierre Lanthier dans des conditions préhollywoodiennes et qui avait jeté tout le monde sur le cul... mais commençons par le commencement.

Dédé tenait absolument à réaliser lui-même le clip de *Julie.* Il avait déjà réalisé une trentaine de démo-clips pour Musique Plus et lui et les Colocs avaient déjà tourné deux clips encore inédits *(Dédé* et *La p'tite bebitte)* au 2116.

Il n'avait à montrer ni synopsis, ni scénario, et, contrairement à Robbi Finkel, il ne s'expliquait jamais... Il tournait au jour le jour, sans plan précis. Il s'investissait dans chaque image, dans chaque plan.

J'avais été incapable de convaincre BMG de financer le clip. Il faut dire que je n'avais aucune idée de ce qu'il allait coûter.

Dédé m'avait dit qu'il ferait de la « pixillation », mais du diable si je savais ce que ça voulait dire. Le lieu du tournage ? Aucune idée. La durée du tournage, les caméras, l'éclairage, les décors, l'équipe technique, le montage ? Aucune idée non plus...

Mais Dédé, qui aurait pu devenir un grand cinéaste (Les Rendez-vous du cinéma québécois lui ont d'ailleurs rendu hommage en 2001, en même temps qu'à Gilles Carle), tenait à son film comme il tenait à tout, sauf à la vie elle-même...

* * *

Wo, wo, wo, ma p'tite Julie...

Quand je l'ai rejoint au Doux, il avait presque fini de manger son club.

— La Julie du clip, c'est la fille de ma sœur Dorice...

Il avait essayé de m'expliquer : la pixillation, le carton-pâte, les trucages, etc.

— Aboutis, Dédé...

— Trouve-moé quatre mille six cents piasses pis donne-moé deux s'maines. C'est tout c'qu'y m'faut.

— Quatre mille six cents ?

— Tu m'crois pas ?

— Ben sûr que non ! Écoute... J'te donne cinq mille pis dix jours.

J'aurais voulu en dire plus, mais il n'était déjà plus là. Il avait un film à tourner. Tout le reste pouvait attendre.

* * *

Ma blonde qui est trop bonne
A m'prend dans ses bras
Pis moé je ronronne
Pareil à son chat
(André Fortin, *Tellement longtemps*)

C'est Sophie Lajoie, sa nouvelle blonde, qui a finalement tenu le rôle de la p'tite Julie dans le clip. Elle faisait alors partie de la Famille Botte, la troupe de danseurs de *gumboots* qui accompagnait parfois les Colocs en spectacle. Elle était entrée dans sa vie sur la pointe des pieds...

De loin, elle avait un peu l'air d'une bohémienne. De près aussi, à bien y penser.

Elle était douce, naturellement douce, et Dédé en abusait un peu.

Il lui arrivait de partir en croisade – un album, une tournée – et de la laisser derrière lui. Elle restait alors là à l'attendre, un mois, deux mois, trois mois... et quand il daignait « rentrer dans ses terres », elle lui préparait une petite fête et l'écoutait lui raconter ses « exploits ».

Elle l'aurait suivi jusqu'au bout du monde, en portant leur maison sur son dos, s'il l'avait fallu. Elle attendait qu'il lui fasse ce bébé qui scellerait leur alliance et qui donnerait un sens à leur vie.

Avec le temps, il s'était mis à reculer.

— J'arrête après c't'album-là... J'ai pas l'choix, une dernière tournée pis j'arrête pour vrai... Y m'reste un dernier clip à faire...

Une fois, je pense que c'était juste avant *Dehors Novembre*, il ne l'a plus trouvée en rentrant. Un autre Robin des Bois était passé par là et lui avait piqué sa Marianne.

— J'm'en doutais, m'avait-il dit en découvrant le pot aux roses. Y a un coq dans la basse-cour...

L'idée qu'elle pût en aimer un autre lui était intolérable.

Il avait entrepris de la reconquérir. Il lui avait fait le grand numéro... Il l'avait si bien étourdie qu'elle lui avait rouvert ses bras et son cœur.

Le coq avait détalé comme un lapin et Sophie, qui n'attendait plus rien de personne, s'était remise à attendre Dédé.

Leur histoire a évidemment mal fini, mais nous verrons cela plus tard.

La fille dans *Le répondeur*, c'était elle.

* * *

Et vogue la galère !

Dédé avait tourné son clip en moins d'une semaine. Il avait mis à contribution tous les habitués du 2116. Les uns avaient cousu des costumes, les autres avaient assemblé des bouts de bois et des bouts de broches et « rapaillé » toutes sortes de figurines en plastique *cheap*.

Le résultat dépassa toutes les espérances.

Musique Plus en fit le *buzz clip* de la semaine et la critique fut dithyrambique.

Dédé avait dépensé les cinq mille dollars que je lui avais donnés et douze mille de plus... qu'il devait à tout le monde.

— C'est l'mieux qu'j'ai pu faire...

Ayant fait son possible, il ne se sentait coupable de rien.

Il avait fallu que j'allonge les douze mille dollars...

J'ai mis un mois et demi à finir de payer tout le monde. Comme il fallait s'y attendre, les malheureux fournisseurs de Dédé m'en ont voulu à mort. J'étais le producteur du clip, c'était donc à moi de les payer. C'est tout ce qu'ils voulaient savoir et je les comprenais très bien.

Le *buzz clip* des Colocs valait au bas mot cinquante mille dollars. Dédé avait réussi à le tourner et à le monter pour dix-sept mille. C'était bien sûr douze mille « de mieux » que ce qu'il m'avait annoncé, mais comment aurais-je pu lui en vouloir ? Il s'était donné à cent pour cent, il avait utilisé toutes ses ressources et celles de la plupart de ses amis, et il ne s'était pas pris de cachet.

* * *

L'ADISQ

L'automne 1993 fut un automne chaud. Les Colocs ouvrirent le gala de l'ADISQ avec Mara Tremblay et la Famille Botte. Leur interprétation de *Passe-moé la puck* vira le Capitole à l'envers.

Le matin, avant la répétition, Dédé et moi avions déjeuné au Doux. Il s'était mis à dos la plupart des techniciens de son et le bruit courait dans le milieu qu'il était capricieux comme une rock star américaine. Ce n'était pas vrai, mais les rumeurs, une fois qu'elles sont lancées, se nourrissent bien souvent d'elles-mêmes.

La vérité, c'est qu'il avait un tempérament à la Chaplin. Il se donnait à fond dans tout ce qu'il faisait et il en attendait autant des autres. Il exécrait les « faiseux, les slow-mo, les gosseux, les flaseux, les hâbleurs, les paresseux » et tous ceux-là qui faisaient les choses mécaniquement, sans jamais payer de leur personne. Il les critiquait sans arrêt. Il lui arrivait même de les engueuler comme du poisson pourri.

Liz m'avait demandé de prendre les devants et de *briefer* le « chanteur ».

— On a besoin d'ce show-là, Dédé. S'il y a quoi qu'ce soit, tu m'téléphones pis tu mords la guenille jusqu'à temps qu'j'arrive. Pas d'larmes, pas d'cris, pas d'crise de nerfs.

— J'dirai pas un mot.

Une heure après le commencement de la répétition, Dédé fit innocemment remarquer à l'ingénieur du son qu'il s'entendait mal dans ses écouteurs.

— J'entends rien.

— J'm'en occupe, avait répondu l'ingénieur sur l'air de « j'ai déjà vu neiger ».

— J'm'entends pas...

L'affaire avait rapidement dégénéré quand Dédé, qui venait de se rappeler qu'il m'avait promis de ne rien dire, s'était mis à chanter (à peu près sur l'air de *New York, New York*) :

J'm'entends pas chanter
Le son est fucké
J'commence à m'énerver
J'ai envie d'm'en aller...

L'équipe de production était furieuse, l'ingénieur du son pas moins que les autres.

Il avait fallu toute la sensibilité et toute l'expérience de Denise Filiatrault (la réalisatrice du gala) pour refroidir les ardeurs de Dédé. Elle n'avait pas cherché à finasser avec lui.

— Oublie ça, Dédé. Tu vas t'faire mal pour rien.

Ça l'avait calmé.

Le gala consacra le triomphe des Colocs. Ils raflèrent quatre Félix : découverte de l'année, groupe de l'année, clip de l'année (*Julie*) et réalisateur de vidéoclips de l'année.

À la fin de la soirée, un agent de sécurité m'a invité à le suivre à « l'office ».

— Vos gars sont partis avec cinq bouteilles de champagne...

— Pis ?

— Faut qu'quelqu'un les paye...

— Y sont partis sans payer ?

* * *

Le surlendemain, au Doux

> *Je suis le veuf, le ténébreux, l'inconsolé*
> *Le prince d'Aquitaine à la tour abolie*
> *Ma seule étoile est morte et mon luth constellé*
> *Porte le soleil noir de la mélancolie*
> (Gérard de Nerval)

Dédé avait sa tête des mauvais jours.

— Connais-tu Gérard de Nerval ?

— J'ai lu trois ou quatre choses de lui... J'ai vu sa statue sur l'île de Ré.

— As-tu lu *We are the hollow men* ?

— Non.

— C'est qui ton auteur préféré ?

— J'dis souvent que c'est Céline... *Ballet sans paroles, sans musique, sans rien...* mais c'est à moitié vrai. J'aime *vraiment* Frédéric Dard, Albert Camus, Pirandello, Gérard de Nerval, Arthur Koestler... mais j'lis pu beaucoup. J'passe mon temps à perdre mes lunettes de lecture.

Il avait l'air si accablé que je ne savais pas trop quoi lui dire.

Il se trouvait moche.

— J'perds mes ch'veux, j'ai peur de toute, j'écris des chansonnettes...

Il mélangeait tout. Baudelaire, Desjardins, Boris Vian, Rimbaud, Doisneau, Lautréamont...

Il était un peu jaloux de Richard Desjardins.

— Y a attendu son tour. J'aurais dû faire comme lui...

— C'est ton tour, Dédé.

— C'pas mon tour. C'est l'tour de Pat.

Nous avons longuement parlé. Zorba ne nous a pas dérangés. Dédé a « bummé » deux cigarettes à une fille qui lui faisait des yeux trop doux pour être honnêtes. Il faisait noir quand nous nous sommes levés de table.

Pat n'en avait plus que pour un an à vivre. Christian Moquin, l'origamiste qui cohabitait au 2116 avec François Boucher (le photographe) et Bronski (le chien), allait bientôt mourir d'une intoxication aux arachides.

Seul dans sa tête, Dédé se faisait un tarot virtuel en attendant la mort.

Je savais tout cela sans le savoir... L'aurais-je su que ça n'aurait rien changé. Il était déjà très à l'étroit dans ses habits de Petit Prince.

La mort de Pat

Dorice au Doux

— Pat dépérit à vue d'œil.

La sœur de Dédé travaillait dans le « domaine des soins de santé ». Elle avait vu neiger.

— Y commence à avoir les joues creuses. Ça trompe pas.

— T'es sûre ?

— J'pense qu'y prend même pas d'médicaments. Ça va aller vite...

— En as-tu parlé à Dédé ?

— Y a l'air à l'aise avec ça...

— À l'aise ?

— Yé comme zen... On dirait qu'ça l'dérange pas. Yé bizarre...

Nous sommes restés là une petite heure, à parler de la pluie, du beau temps, du sida, de la p'tite Julie (sa fille), de son fils Luc que Dédé avait pris sous son aile, de Dédé lui-même et de la mort...

Je suis rentré chez moi à pied. Le soleil déclinait derrière la tour Berri.

Il faisait sombre.

Je pensais à Pat. Je le connaissais assez peu en fin de compte. Ce qui me vient à l'esprit, là, tout de suite, c'est qu'il était plus calme qu'un chat assis. Rien à voir avec Dédé. Il n'était pas zen, il était *très* zen.

Il parlait par monosyllabes. « Jouer d'la zique » avec les Colocs était apparemment tout ce qui comptait à ses yeux.

Nos conversations étaient sibyllines et finissaient généralement en queue de poisson.

— Ça va ?

— Ça va.

— Prends-tu tes médicaments ?

— Pour quoi faire ?

— Vas-tu souvent au Temple ?

— Ça dépend...

— Ça dépend d'quoi ?

— Me prends pas la tête, mec...

Il y avait un gros nuage noir vers l'est, probablement au-dessus du Stade olympique. L'orage était imminent.

* * *

Le Club Soda

— Allô...

— *(Chanté)* « Monsieur le président, je vous écris cette lettre que vous lirez peut-être si vous avez le temps... »

— Dédé ?

— Yo !

— Yé deux heures du matin...

— J'ai une idée d'show pour le Club Soda. Faut qu'on s'parle.

— Fais ça vite...

— Ça m'prend deux trente-deux entrées, trente mix-moniteurs, les deux Ben, un écran d'projection, quatre moniteurs télé, un plan d'éclairage, un décor, des origamis...

— Tu m'embarqueras pas là-d'dans à deux heures du matin...

— On déjeune ?

— Comme tu veux.

— Six heures au Doux ?

— *Huit* heures au Doux.

— All right !

Six heures plus tard

Il entamait le troisième quartier de son club du matin. Il n'avait pas dormi de la nuit. Il s'était sifflé deux jus d'oranges et trois cafés. Il avait encore devant lui une montagne de frites McCain et deux salades de chou.

Seul en lui-même et sérieux comme un pape, Onasis nettoyait sa plaque en chantant quelque chose qui ressemblait à l'hymne national grec.

— Calimera, Jimmy.

— Calimera, monsieur Raymond.

— Deux œufs jambon s'il te plaît.

— My pleasure, monsieur Raymond.

Dédé faisait de l'adrénaline. Ça se voyait (il avait les yeux de Louis-José Houde) et ça s'entendait (il parlait vite, comme Louis-José Houde).

— J'capote !

— What's new...

— On tourne un film.

— Un film ?

— Un court-métrage. On va l'projeter à l'entracte. Y s'passe jamais rien à l'entracte. J'haïs les entractes.

— Au Club Soda ?

— Ça va être un film d'action. On va l'tourner au 2116. On va shooter les extérieurs dans l'Chinatown.

— Combien ?

— Pas grand-chose...

— Combien, Dédé ?

— Six mille gros max. J'vas l'tourner en super

huit. J'ai une table de montage off-line su'l'bras.

Il était déchaîné.

— Christian va m'dessiner un décor de ville sur un panneau de liège ou sur une murale de mousse. Mich'Boule va l'éclairer par en arrière. J'vas rentrer par une porte de frigidaire. Christian va faire une trentaine d'origamis géants : des insectes, des éléphants, toutes sortes de bebittes. On va en mettre partout. Ça va nous prendre des micros sans fils, des *risers*, des moniteurs...

Il « hyperventilait » presque. Un peu plus et je lui demandais de souffler dans un sac en papier. Il avait besoin d'une douche d'eau froide.

Il n'était pas facile à arrêter, mais j'en avais vu d'autres.

J'ai pris ma calculatrice et je l'ai posée sur la table, entre le sucrier et le cendrier.

Il a saisi la balle au bond.

— C'est quoi encore la phrase d'Einstein ?

— « Up to a certain level, music is mathematics and mathematics are music. »

— J'aime ça.

Le Club Soda avait une jauge de quatre cents places. En quatre soirs, compte tenu des billets de faveur, nous pouvions espérer vendre plus ou moins mille quatre cents billets à vingt dollars, pour une recette brute de vingt-huit mille dollars.

À vue de nez, la pré-production du spectacle et la publicité coûteraient trente-cinq mille dollars au moins.

Les recettes suffiraient probablement à défrayer les coûts rattachés aux représentations elles-mêmes (droits d'auteurs, cachets des musiciens et des techniciens, frais de salle, location d'équipement, transport des instruments, petite caisse, etc.), mais il ne resterait rien pour le tournage et le montage du film (six mille dollars d'après les savants calculs de Dédé), rien pour la publicité, rien pour les répétitions, pour le décor, l'éclairage, les origamis, les micros sans fils, les *risers*, les moniteurs de scène, etc.

À la fin de l'« exercice », il était clair que je ne pourrais ni augmenter le prix des billets, ni programmer des supplémentaires, ni réduire les dépenses.

— Y reste pu rien à couper... On est *raw bottom*... J'me paye pas... On fait toute au noir... J'écris l'show, j'le mets en scène, j'scénarise le film, j'le réalise, j'le monte...

Il pleurait presque, comme chaque fois qu'il voulait quelque chose.

— J'sais pu quoi faire...

— On peut pas faire tout ça pour moins d'argent, mais on n'est pas obligés d'faire *tout ça* non plus...

— J'comprends...

— Tu comprends rien.

Il savait comment me prendre. On gagne beaucoup à jouer les piteux avec moi... Il lui suffisait de
baisser le nez et de renifler un peu pour m'émouvoir. Il le savait et il en abusait autant que possible.

— J'te donne vingt-cinq mille. T'auras pas une
cenne de plus.

— All right !

Sa tristesse s'était envolée aussi subitement qu'elle
était apparue.

— On récapitule ?

— Yo !

— On joue mardi, jeudi, vendredi pis samedi.
Les billets sont à vingt piasses. O.K. pour les con-
soles, le décor, les micros sans fils, les origamis, le
film, les éclairages...

— Qui s'occupe des premières parties ?

— J'm'en occupe. On invite-tu Fred Fortin ?
(Nous avions écouté son démo ensemble.)

— Yé écœurant, c'gars-là. Veux-tu que j'l'appelle ?

— O.K. Connais-tu les Frères à Ch'val ?

— C'est l'nouveau band de Polo Bellemare,
j'pense. Thibaud de Corta pis Mara Tremblay sont
là-d'dans. On les essaye-tu ?

— O.K. On pourrait appeler Bob Walsh pis
Karen Young...

— J'les connais pas...

— Tu les connais pas ? Y ont plus d'âme pis

d'talent que Joe Cocker pis K.D. Lang ensemble...
— Tu y vas pas avec le dos d'la cuillère...
— Tu trouves ?

* * *

Aparté

Je n'avais évidemment pas les moyens de produire seul le méga spectacle des Colocs au Club Soda. Je me suis adressé à Michel Sabourin. Il était alors le gérant de Marjo, de Richard Séguin et de Marie-Denise Pelletier et propriétaire du Club Soda.
— Embarques-tu ?
— Cinquante-cinquante ?
— Cinquante-cinquante.
Heureusement qu'il était là, celui-là. Son expérience, son imagination et son argent m'ont sauvé les fesses.

* * *

Terreur dans le Chinatown

Dédé était apparemment en mission. Je n'avais plus entendu parler de lui depuis quinze jours.
Nous étions à trente « dodos » de la première du spectacle et le graphiste était pressé de finaliser l'affiche.

Michel Sabourin avait hâte de savoir si le méga-show de Dédé allait coûter vingt-cinq ou cinquante mille dollars...

J'essayais de joindre Dédé depuis déjà quelques jours, mais il n'avait pas encore retourné mon appel.

J'avais le choix entre « tirer la plogue » ou gager sur lui. Personne ne m'avait encore demandé d'argent. C'était pour le moins inquiétant...

Le graphiste était « su'l'gros nerf ».

— Si tu veux que l'imprimeur te sorte l'affiche à temps, y va falloir que tu m'livres les infos avant 16 heures demain. C'est quoi l'titre du film ? As-tu les scans des origamis ? Faites-vous des premières parties ?

Je n'ai fait ni une, ni deux.

— As-tu un crayon pis un papier ? Écris *Terreur dans le Chinatown.*

— C'est quoi ça ?

— Ça va être le titre du film. Ajoute « 20 minutes insoutenables ». J'ai les scans des origamis que Christian a pliés l'année passée. Sers-toi-z'en.

En moins de dix minutes, l'affiche était montée.

L'affiche était sous presse quand Dédé s'est décidé à retourner mon appel.

— Chu dans l'jus...

— Ça va ?

— J'aurai pas l'temps d'finir mon film.

— Ça va mal...

— Comment ça ?

— Viens me r'joindre au Doux.

— Si vous plaît ?

— S'il vous plaît.

Je lui ai montré la maquette de l'affiche.

— *Terreur dans le Chinatown ?*

— Tu m'avais pas dit qu'ça s'rait un film d'action pis qu'tu l'tournerais dans l'Chinatown ?

Mais déjà, il n'était plus là. Il avait avalé son café d'une traite et il était parti sans se retourner.

— Où tu vas ?

— J'ai pas l'temps.

Ce n'est qu'à la générale que j'ai appris que *Terreur dans le Chinatown* avait un sous-titre (*Master Quok, The Advenger of the Night*) et que je l'ai visionné pour la première fois.

Je suis tombé sur le cul.

Il l'avait réalisé en un temps record avec des moyens de fortune. Il l'avait scénarisé, réalisé et monté lui-même. Il en était l'un des interprètes principaux. C'était à l'évidence le premier film de quelqu'un qui serait devenu un très grand cinéaste s'il ne s'était pas suicidé...

Mais il n'y avait pas que ça...

Les origamis, les panneaux de mousse, les éclairages de Mich'Boule, le projecteur, l'écran et les moniteurs, les *risers*... tout y était. Il avait fait tout ça en même temps qu'il avait écrit le spectacle, répété une dizaine de nouvelles chansons, pratiqué ses claquettes et « scénographié » le show. Fred Fortin, Bob Walsh, Karen Young et les Frères à Ch'val étaient évidemment là...

* * *

La gloire, en passant...

> *Dans l'autobus du showbusiness*
> *Y a quelques places en or*
> *Un beau matin*
> *Le conducteur se lève et dit*
> *Tout l'monde change de bord*
> (Jean-Pierre Ferland, *Le showbusiness*)

Les critiques étaient soufflés. Dédé leur en avait mis plein la vue. Ce commentaire de Sylvain Cormier le dit mieux que je ne saurais le dire :

> *Tous les shows se ressemblent dites-vous ? Neuf chansons en trois quart d'heures, deux rappels et puis s'en va ? Pas du tout. Les Colocs, petits mécréants qui ne respectent rien, le prouvent en trois heures de rock'n'folie qui rend heureux, avec des invités, des origamis géants et même un délirant vidéo de vingt minutes intitulé « Terreur dans le Chinatown », tourné et monté entre la promo et les répétitions, aux dépens des heures de*

sommeil du chanteur-guitariste-vidéaste André Dédé Fortin, la dynamique tête dirigeante à claquettes des Colocs. Quelque part entre le « Magical Mystery Tour » des Beatles, l'« IXE-13 » des Cyniques et les films de Kung-Fu, c'est le plus divertissant des compléments de programme.
(Sylvain Cormier, *Le Devoir*)

En quelques mois, quatre-vingt mille nouveaux acheteurs se ruèrent sur l'album des Colocs.

Dédé semblait avoir retrouvé le goût de vivre. Les salles étaient pleines, le téléphone sonnait, Sophie était belle...

Tous les espoirs étaient encore permis.

* * *

Élizabeth II, reine d'Angleterre

— Allô ma biche...

C'était Liz. L'animateur de *Canada-AM* lui avait passé un coup de fil. Il connaissait un peu Mike, pour l'avoir interviewé.

— Qu'est-ce qu'y veut, l'animateur ?

— Y anime le show d'clôture des Jeux du Commonwealth, à Victoria. La reine va êt' là. Y veut qu'les Colocs chantent deux tounes.

— Deux tounes ?

— Y offre seize mille dollars. J'en ai pas encore

parlé au « chanteur ». Y va capoter. J'pense que j'aimerais mieux qu'tu y parles...

— J'm'en occupe. Comment y s'appelle encore, ton animateur ?

* * *

Le lendemain, au Doux

Dédé me regardait comme s'il me voyait pour la première fois.

— Les Jeux du Commonwealth ?

— C'est l'animateur de *Canada-AM* qui vous invite.

— C'est qui, lui ?

— Y a interviewé Mike au lancement d'l'album. J'lui ai parlé c'matin. Y nous offre seize mille piasses. Vous faites deux tounes. La reine va êt' là.

— La reine ?

— La reine du Commonwealth, Sa Très Gracieuse Majesté Élizabeth II...

— C'est qui les aut' artistes ?

— J'les connais pas. Y viennent du Canada anglais pis du reste du Commonwealth.

— J'gage qu'on va êt' les francophones de service...

— Ashley McIsaac va être là.

— J'en parle à Mike.

Les Colocs à Victoria

Il y avait une grande tente sur le site. Dédé et moi y sommes entré. Le président des Jeux m'y avait donné rendez-vous. Il avait un chèque à me remettre.

Autour de nous, il y avait les danseurs de *gumboots* de Soweto, des Pygmées en costumes d'apparat, Ashley McIsaac, des Indiens... En les voyant, j'ai compris que l'animateur de *Canada-AM* en avait passé une p'tite vite aux organisateurs des Jeux.

— La reine va capoter...

Dédé était tiraillé entre deux sentiments contradictoires. L'idée même de chanter pour la reine lui donnait des boutons, mais il ne pouvait pas s'empêcher de tripper sur les danseurs de *gumboots*, sur McIsaac et sur les Pygmées.

S'agissant des Pygmées, il y en avait justement un qui tenait à tout prix à ce que je le prenne sur mes épaules. Il était si insistant qu'il avait fallu que je lui montre les dents. Les danseurs de *gumboots* ne nous lâchaient pas les baskets non plus.

Au bout d'un moment, j'en ai eu assez. Je me suis retourné vers Dédé.

— C'est ridicule. La reine doit s'taper le même show un minimum de dix fois par année. La moitié des artistes ont des os dans l'nez, des pagnes autour d'la taille, des plumes au cul, des mocassins pis des bottes de pimp...

Je me plaignais encore quand le président des Jeux s'est amené avec le chèque, les macarons et les passes V.I.P.

— Hi Raymond, it's a pleasure...

Je l'ai remercié d'avoir engagé les Colocs. Je n'aurais pas dû...

— It's nothing. We were told to put a french canadian act on the show...

Il avait essayé de se rattraper, mais Dédé l'avait parfaitement entendu.

— Je l'savais...

— « Tu l'savais » quoi ?

— Qu'on était les francophones de service.

— Penses-tu ?

— Ra-ka-ka-ta oum ti-te ha...

Il avait du fun. Ma confusion le consolait d'être là. Il n'était jamais plus heureux que quand il me prenait en défaut.

— La reine va être assise au balcon, derrière un gros arbuste. Tu r'gardes où tu veux quand tu chantes, mais *pas là*. C'est une question de sécurité.

C'était évidemment des mots pour rien.

Les Pygmées sortaient de scène quand les Colocs sont entrés. J'ai pris position derrière l'immense rideau de scène en velours côtelé rouge vin que les organisateurs avaient commandé pour l'occasion.

Les deux mille cinq cents invités d'honneur du spectacle de clôture des Jeux du Commonwealth étaient guindés, un peu comme le public de l'Opéra de Montréal.

Ils avaient déboursé, pour voir et être vus, près de mille dollars par personne. Ils portaient beau.

Dédé avait l'air nerveux. Tellement que je lui ai fait remettre un mot que j'avais griffonné à la hâte : « Y ont payé 1000 $ pour voir la reine. Montre-leur comment ça s'peigne un Canadien français de service ! »

— All right !

Il avait crié « All right » comme il le faisait au Quai des Brumes.

> *Ra-ka-ka-ta oum ti-te ha...*
> *Aujourd'hui la télévision est v'nue nous voir*
> *Pour constater l'état du désespoir*
> *Une coup' de sans abris à la veille de Noël...*
> (André Fortin, *Passe-moé la puck*)

Il regardait évidemment la reine, en dépit des consignes de sécurité que le régisseur avait affichées jusque dans leurs chambres d'hôtel.

> *Y a l'Armée du Salut, pourquoi tu vis dans' rue*
> *J'ai dit ben passe-moé'a puck pis j'vas en compter des buts. Yo !*
> (André Fortin, *Passe-moé la puck*)

Les distingués invités de la reine étaient sidérés. C'est dans un silence glacial que Dédé entama la p'tite *Julie*. Il n'y eut à peu près pas d'applaudissements. Ils ne se donnaient même pas la peine d'être polis.

Quand je l'ai retrouvé dans ce qui nous servait de loge, Dédé faisait des bonds de deux pieds.

— J'ai trop d'énergie...

Il se tapait une overdose d'adrénaline. Vingt minutes après sa sortie de scène, il sautait encore.

À la fin du spectacle, le président nous a félicités.

— Good show... Her Royal Majesty will now gladly meet each one of you in the Ballroom.

Je me suis retourné vers Dédé.

— Tu montes ?

— Non. J'en ai pas d'reine.

Mike était là.

— Tu montes ?

— Sure, man. Why not ? She's the fuckin' Queen, after all !

Pat était du même avis.

— C'est la reine, putain !

Les deux bums des Colocs étaient visiblement émus. Ils ont monté les marches de l'escalier quatre à quatre. À mi-chemin, Pat m'a crié quelque chose :

— Tu viens pas voir la reine ?

— A l'a-tu l'air de s'ennuyer d'moi ?

Mais déjà, il n'écoutait plus. Il avait l'air d'un ti-cul qui s'apprête à rencontrer le père Noël...

La mort de Pat

La mort de Pat nous est tombée dessus quelques semaines avant la rentrée parisienne des Colocs. Ça s'est passé le plus simplement du monde.

Normando et les Colocs étaient passés le prendre, comme d'habitude quand il y avait un spectacle en soirée. Il dormait encore quand ils ont sonné à sa porte, comme d'habitude quand il s'était trop dépensé la veille. Ils seraient en retard, comme d'habitude...

Pat finirait de s'habiller dans la camionnette, il remonterait prendre son dentier, il ne redescendrait qu'au dixième coup de klaxon, comme « dab »...

Ça se passait toujours comme ça.

Mais il faut croire qu'à part l'amour d'une mère, il n'y a pas grand-chose qui dure toujours. Les habitudes ne sont rien d'autre que des tics qui se prennent au sérieux.

Toujours est-il que ce matin-là, Pat est resté couché.

— T'as une clope ?

Il avait encore le goût de fumer...

Ce soir-là, c'est Mike qui a un peu remplacé Pat à l'harmonica et c'est Dédé qui a chanté *Séropositif Boogie*, à la santé de Pat...

Après le show, Dédé m'a passé un coup de fil.

— Pat vient d'entrer dans la lumière...
— As-tu d'la peine ?
— J'ai d'la peine pour les vivants...

* * *

On va hisser le drapeau blanc, un point c'est toute.

L'infirmière en chef de l'hôpital Saint-Luc était catégorique.

— Il en a pour trois jours.
— Y a-tu mal ?
— Il est dans le coma.
— Ça va s'passer comment ?
— Comme ça... Il est en train de s'éteindre.

Nous étions huit ou neuf à le veiller. À part les Colocs et moi, il y avait sa sœur Laurence, Mara Tremblay et un ami *zen* venu recommander son âme au Bouddha.

Il était si déshydraté que nous lui épongions régulièrement le front et les lèvres. À un moment, nous lui avons mis une clope entre les lèvres. C'est à peine s'il a été capable de « tirer dessus ».

Il respirait péniblement, mais il n'avait pas l'air de trop souffrir. On lui donnait probablement de la morphine.

J'entends le téléphone qui hurle, j'ai des amis
J'voudrais tell'ment pouvoir me l'ver pour leur parler

121

Leur dire allô ! C'est moé, chu correct, ch'toujours en vie
La planète tourne, est pas supposée tourner sans moé
(André Fortin, *Dehors Novembre*)

La Mort était là. Elle tenait Pat aux jugulaires. Elle n'allait plus le lâcher.

Je regardais Dédé et je pensais bien malgré moi qu'elle devait avoir son numéro à lui aussi. Elle l'avait peut-être reconnu. N'avait-il pas failli se suicider quelques années auparavant ?

Dans son livre intitulé *Autour de Dédé Fortin*, Jean Barbe attribue cette tentative de suicide à un échec professionnel. Dédé avait en effet tourné trente-deux démo-clips en rafale, une commande de Musique Plus, et il s'était plus ou moins planté.

Barbe se trompe.

Je tiens pour sûr que cette blessure d'orgueil, si elle lui a fourni le prétexte qu'il lui fallait pour rester couché toute une semaine et pour déprimer un max, n'explique pas sa tentative de suicide. De la même façon que sa rupture amoureuse d'avec Sophie Lajoie n'explique pas son suicide, n'en déplaise au coroner.

Sophie et lui ont rompu parce qu'il ne se décidait pas à lui faire un bébé. C'est en tout cas ce qu'il m'a dit. C'était sûrement plus compliqué que ça, mais l'idée même de mettre un enfant au monde le terrorisait. Il avait peur de lui transmettre ses tares.

Il se questionnait tout le temps.

— On as-tu l'droit d'faire des bébés quand on a un cancer incurable ? Quand on a l'sida ? Quand on a soixante-douze ans, comme Yves Montand ? Quand on est suicidaire ? Sophie est trop bonne. J'perds mes ch'veux, j'ai un partiel, j'ai peur de toute...

Il ne s'est pas suicidé parce que Sophie l'a quitté. Il a laissé partir Sophie parce qu'il savait trop bien qu'il ne raterait pas sa prochaine tentative de suicide...

Au soir du troisième jour, l'infirmière en chef est venue nous dire que « Monsieur Esposito » nous avait quittés un peu avant quatre heures.

J'ai pris Dédé à part.

— Tu veux qu'j'annule *Trois gars un samedi soir* ?

— Pour quoi faire ?

— La prise de son est à six heures.

— Let's go.

— As-tu besoin d'un lift ?

— On va y aller à pied.

* * *

La peste

La peste, puisqu'il faut l'appeler par son nom,
Mal que le Ciel en sa fureur
Inventa pour punir les crimes de la terre
(Lafontaine, *Les animaux malades de la peste*)

Resté seul à l'hôpital Saint-Luc, je suis allé trouver l'infirmière en chef.

— J'me suis pas encore occupé des arrangements funéraires...

Elle m'a coupé.

— On a une morgue au sous-sol. On va le garder là jusqu'à ce que votre entrepreneur de pompes funèbres vienne le récupérer. C'est la procédure normale.

Le directeur de la succursale Papineau avait une bonne tête (j'étais chez Urgel Bourgie). Il aimait les artistes. Il les aimait au-delà des mots, toujours trop faciles. Il a été extrêmement généreux.

— Il a une sœur. Elle s'appelle Laurence. Elle vit à Montréal. Le reste de sa famille est en France. Laurence est l'exécutrice testamentaire de Pat. Elle veut qu'il soit exposé deux ou trois jours.

— Que ferez-vous du corps ensuite ?

— Ses parents veulent le rapatrier et l'enterrer dans le caveau familial.

— Vous allez avoir des problèmes... Les douaniers français ne laisseront probablement pas entrer le corps sur leur territoire.

— Pourquoi ?

— À cause des risques de contamination. N'oubliez pas qu'en l'embaumant, nous serons nécessairement en contact avec le virus... Seul le consul de

France peut vous délivrer un permis de rapatrier. Il va nous falloir le convaincre que toutes les précautions ont été prises, en plus de nous engager à enduire la tombe d'un revêtement prophylactique cent pour cent étanche...

* * *

Aparté

Le directeur du consulat a commencé par m'expliquer que la France ne rapatriait pas les corps des Français morts à l'étranger de la peste, de la lèpre ou du sida. Il s'est d'abord montré intraitable, puis il s'est ouvert un peu quand je lui ai proposé d'impliquer mon entrepreneur de pompes funèbres dans la discussion.

Ils se sont parlés une quinzaine de minutes au téléphone.

L'entrepreneur a accepté d'être « supervisé » par un membre du personnel du consulat et de prendre une série de précautions susceptibles de rassurer le consul, et la France a finalement accepté de rapatrier le corps de Pat.

* * *

L'embaumeur avait bien fait son travail. Il lui avait gardé sa tête de proxénète marseillais.

— As-tu une clope ?

Pour un peu, on lui en aurait donné une.

En le regardant, il m'était venu cette idée d'épitaphe que j'avais évidemment gardée pour moi :

CI-GÎT PATRICK ESPOSITO « DI » NAPOLI.
Y EN A FUMÉ PLUS QU'Y EN A PAYÉ.

Il y avait des musiciens partout. Ils avaient apporté leurs guitares, leurs harmos, leurs violons, leurs contrebasses et leurs « percus ». Ils s'étaient déployés autour du cercueil de Pat. Ils chantaient Dutronc, Françoise Hardy, Nino Ferrer, Léo Ferré, Dassin, Brassens et compagnie. On se serait cru à Saint-Germain-des-Prés.

Dédé « tirait » évidemment l'orchestre...

Je ne sais pas à quelle heure ils sont tous rentrés chez eux, mais je sais qu'ils se sont couchés très tard, après avoir bien mangé, bien bu et bien ri.

Pat ne leur manquait pas encore...

* * *

Un dimanche, au Doux

Onasis avait le caquet bas.

— I'm sorry, really sorry. I feel terrible. Poor Pat...

Je lui ai mis la main sur l'épaule. Ça l'a un peu calmé.

— As-tu vu Dédé ?

— He's waiting for your call...

Je l'ai attendu une dizaine de minutes.

Il avait sa tête des mauvais jours. Il s'est assis sans rien dire. Les mots étaient inutiles.

Pat était tombé au champ d'honneur. Il était rentré en France dans un tombeau scellé, un mois avant la rentrée parisienne des Colocs...

— On y vas-tu ?

— Le Pigal's est booké. Ça dépend d'vous autres.

— On emmène-tu Laurence ?

— J'en parle à Sabourin.

— Ça le r'garde pas.

— Y paye la moitié des bills, Dédé...

— C'est quoi l'idée ?

— L'idée, c'est qu'chu pas capable de financer le show tout seul. C'est Martin Bundock qui a booké le Pigal's. (Il était alors le tourneur de Michel Sabourin.) C'est lui qui vous a trouvé des piaules dans un hôpital désaffecté qu'la Ville de Paris prête aux artistes en attendant qu'il soit rénové. Ça s'appelle Les Quartiers Éphémères. Yé t'avec nous autres.

— Si tu l'dis...

— Comment tu t'sens ?

— J'me sens drôle... On jouera pu jamais à cinq... Les Colocs, c'était Pat, Mike, Serge, Jimmy pis moé. Ça s'ra pu jamais pareil...

— Veux-tu arrêter ?

— J'peux pas laisser tomber Mike pis Jimmy.
Mononc'Serge pourrait toujours se débrouiller tout
seul, mais les autres ont toute mis là-d'dans.

— On fait quoi ?

— On fait l'Pigal's. On va faire agrandir la photo d'Pat. On l'emmène avec nous autres. Y va rentrer
par la grande porte. On va inviter sa mère...

— On part le 20 décembre. Prenez vos man-
teaux. Ça va être Noël à Paris. Vous allez vous les
g'ler...

— Penses-tu que j'devrais arrêter ?

— J'pense que tu devrais respirer par le nez. Pat
est mort. Ou bien tu continues sans lui, ou ben
t'arrêtes toute.

— Ça m'avance pas.

— Ça t'avancerait-tu si j'te disais qu'tu commences à m'inquiéter sérieusement ? T'es tellement
cyclothymique que j'me d'mande si tu s'rais pas un
peu maniaco-dépressif...

— Capote pas, man...

— T'as un mois d'vant toi. Pourquoi tu vas pas
faire un tour à la campagne ? Lise va te louer une
auto si tu veux.

* * *

128

Paris canaille
(Aéroport Charles-de-Gaulle, le 20 décembre 1994, 9 h 45)

Le chauffeur de taxi avait une tête de garçon de café.

— Vous allez où ?

— À Montmartre, au Toulouse-Lautrec.

L'accent de Dédé avait l'air de l'amuser.

— Vous êtes Belges ?

— On vient d'Montréal.

— Vous êtes Canadiens, alors.

— Mike est Canadien. Moé, chu Québécois.

— J'ai une sœur là-bas...

Je suis descendu au Toulouse-Lautrec. Le chauffeur a débarqué les autres dans la cour des Quartiers Éphémères. Martin Bundock y avait déniché un studio pour Dédé et un atelier à aires ouvertes pour les autres Colocs. Je n'ai d'ailleurs jamais su comment il s'y était pris.

Je les y ai rejoints le lendemain matin.

Le studio de Dédé était bordélique. Il s'y sentait naturellement chez lui.

— Y a un tableau à l'entrée.

— Les cartes d'affaires ?

— Tout l'monde a l'air de travailler en anglais, icitte.

— Comment ça ?

— Y s'écrivent en anglais. J'ai lu leurs mémos. Leurs bands, leurs boîtes, leurs compagnies de services... tout l'monde s'affiche en anglais.

— Ça t'dérange-tu ?

— Y parlent à qui, c'monde-là ? On est à Montmartre !

Rien qu'entre mon hôtel et les Quartiers Éphémères, j'avais dû croiser une centaine de Français moyens avec des bérets basques qui mordaient dans leurs baguettes en lisant *Le Figaro, Libération, Paris-Match* ou *Le Parisien*, des marchands de poissons, des bouquinistes, des balayeurs, des gendarmes...

— Ça s'passe dans les banlieues asteure... Les beurs, les blacks, les latinos... Y chantent en anglais parce que ça s'passe en anglais.

— Whatever...

À l'intersection de la butte Montmartre et du boulevard Pigalle, nous sommes tombés sur le Pigal's. Il était protégé par une porte de garage noire qui avait l'air de la porte d'un entrepôt désaffecté. De chaque côté, il y avait des *sex shops* et des bordels qui passaient des films en boucle pour attirer les passants. J'y ai vu, à travers la vitrine, deux mononc' en camisole en train de pisser tranquillement dans la figure de deux belles filles qui ne devaient pas avoir plus de dix-neuf ou vingt ans.

C'était de toute beauté...

Le Pigal's était un tripot. Tout y était grossièrement peint en noir. La scène était trop petite, la loge avait l'air d'une armoire à balais, le son était épouvantable... L'odeur était suffocante et le décor était kafkaïen.

Dédé avait naturellement beaucoup aimé.

* * *

Samedi soir, au Pigal's

> *Le lendemain à la station d'métro*
> *Au café des Marcheurs avait lieu l'rencart*
> *Avec mes potes de turbin, mes frangins d'boulot*
> *Jouer d'la zique pour quelques dollars*
> *Z'y-vas, joue !*
> (Patrick Esposito Napoli, *Séropositif Boogie*)

Assis sur un tabouret, juste en dessous d'une immense photo de Pat, Dédé avait ouvert le show avec *Séropositif Boogie*.

La mère et la sœur de Pat étaient là. Le directeur artistique de RCA-Victor était là. La fille de la Délégation générale du Québec était là. Tout l'monde était là...

La porte de garage était grande ouverte. Des centaines de curieux se poussaient dans l'escalier. Il y avait une ambiance d'enfer.

À un moment, Dédé s'est rué sur un porte-voix qui traînait.

— NI-NO ! Yé où Nino Ferrer ? Sors de ton trou, Nino !

Nino Ferrer était l'idole de Dédé.

Gaston y a l'téléfon qui son
Mais c'est pas grave, asteure y a l'répondeur...
(version d'André Fortin de *Gaston y a l'téléfon qui son* de Nino Ferrer)

Les invités de Dédé et les *freaks* de la rue Pigalle en redemandaient...

* * *

Vers deux heures du matin, Dédé est venu me rejoindre à l'hôtel.

— Qu'est-ce que tu fais ?

— J'dors.

— J'prends deux mille francs dans ton portefeuille. On s'en va en Italie. On r'vient d'main matin...

— *Arrivederci !*

Il lui restait cinq ans à vivre.

Quel gâchis...

La page blanche

Ch't'une maladie qu'les gens normaux
Attrapent quand y font la vaisselle
Y disent qu'la vie c'est pas un cadeau
Mais moi j'm'en fous, ch't'une p'tite coquerelle
J'passe mes soirées à grignoter
Dans les quartiers pauvres de l'armoire
Pis quand les buns sont tannés d'moé
J'm'en vas m'ennuyer d'vant la T.V.
(André Fortin, *La ptite bebitte*)

Il lui arrivait de s'inviter chez moi.
— J'ai faim.
— Pas moé.
— As-tu encore Vidéoway ?
— J'l'ai jamais eu.
— Ça fait longtemps qu'tu m'as rien cuisiné...
— J'ai pas l'temps.
— C't'à soir que j'ai faim. Si vous plaît...
— ...

133

— Six heures et demie ?

— Huit heures et demie.

— J'amène-tu du vin ?

— J'ai du rhum.

— All right !

C'était sa façon à lui de me dire que je lui manquais et c'était ma façon à moi de lui dire que moi non plus.

Il n'y avait pas beaucoup de mots entre nous.

J'ai lu quelque part que les mots sont les parents pauvres de la communication. Ils n'expriment, paraît-il, que sept pour cent de ce qu'il y a à dire. L'intonation, le timbre de la voix et l'expression du visage comptent apparemment pour trente-sept pour cent. La posture et la gestuelle disent le reste...

À ce compte-là, Dédé et moi communiquions beaucoup.

Il avait évidemment attendu d'être au salon avant d'enlever ses patins à roues alignées. Il avait « bummé » trois cigarettes à mon voisin Luc. Il était équipé pour veiller tard...

— Quand est-ce qu'on mange ?

— Tiens ! (Je lui avais lancé la télécommande.) Zappe...

— Combien de services ?

— Sept. Peut-être huit...

— All right !

Il écoutait rarement la télévision. Je pense qu'il n'avait même pas le câble.

— Viens voir...

Il m'interrompait à tout bout de champ pour me montrer le chasseur de crocodiles du canal Discovery, le clip de Kurt Cobain à Musique Plus, la reprise du dernier but de Saku Koivu à RDS...

J'ai commencé par lui servir des crevettes sautées (saté, gingembre), puis des pétoncles parfumés à l'anis étoilé (beurre, huile d'olive, vin blanc sec, sel, poivre et anis étoilé), des brochettes de poulet (huile d'olive, romarin, moutarde de Dijon, ail et gingembre frais), des pleurotes (vin blanc, orange pressée, beurre, estragon, sel, poivre, vinaigre balsamique), des poivrons rouges grillés (origan, jus de lime et feta), des aubergines aux pommes (huile de sésame, zestes d'oranges, pommes caramélisées) et des poires flambées au rhum.

Il mangeait avec le naturel, l'application et la délectation d'un prédateur, la voracité en moins.

Il suçait presque ses pétoncles, pour ne pas dire qu'il les laissait carrément fondre dans sa bouche. Il lui fallait six bouchées pour venir à bout d'une crevette moyenne, et encore... Il léchait les plats de services.

— Tes aubergines sont écœurantes !

— T'as les mêmes goûts qu'Lise.

Il ne la connaissait pas encore, mais il tiquait chaque fois que je prononçais son nom. Elle s'occupait de mes affaires personnelles. Ça le rendait malade de jalousie.

— Ça y tenterait pas d's'occuper des miennes ?

— T'es tout croche, Dédé. Tu perds tes papiers, tu prêtes ta carte de guichet à tout l'monde, tu payes pas tes bills, les Prêts et Bourses te courent après... Penses-tu qu'ça y tente de s'occuper d'toé ?

— T'es pareil comme moé !

— Tu connais rien...

Il était trois heures du matin lorsqu'il a remis ses patins et trois heures et demie quand il est sorti de chez moi.

Nous avions bien bu, bien mangé et bien fumé (trois cigarettes et deux joints), même que nous avions un peu chanté : « J'ai bien mangé, j'ai bien bu. J'ai la peau du ventre bien tendue. Merci Petit Jésus. »

Nous avions parlé cinéma. Il en avait long à dire sur Eisenstein, Chaplin, Tati, Bergman, Arabal et Perreault...

— C'est quoi l'meilleur film que t'as vu ?

Il voulait savoir.

— *La ballade de Nayarama...*

— C'est qui l'réalisateur ?

— Aucune idée.

— T'es bizarre...

À un moment, j'ai abordé un sujet qu'il évitait systématiquement depuis quelques mois.

— Ian Tremblay veut un autre album, Dédé.

— J'ai trois nouvelles chansons.

— Y en faut douze...

Il avait failli tourner de l'œil. Je n'avais pas insisté, mais...

— Demain matin, dix heures au Doux.

C'était sans appel.

Il avait repris la télécommande. Il avait zappé jusqu'à ce qu'il tombe sur le Réseau des Sports. Il y était resté une dizaine de minutes.

— C'est quoi l'signe de Lise ?

— Scorpion.

— All right !

Il était Scorpion lui aussi, tout comme Liz.

Lise n'avait qu'à bien se tenir...

* * *

Le lendemain matin, au Doux

— J'ai une idée... Écoute ça... On s'fait un album double.

— Avec trois chansons ?

— Écoute-moé...

— J't'écoute.

— On fait un album *live*. On *tape* au Spectrum. On r'fait les tounes du premier album. On les ré-arrange, on les *tape live*, mais on les re-mixe en studio. Tu m'suis-tu ?

— Si j'te suis ?...

— On coupe les applaudissements...

— Autrement dit, ton deuxième album, c'est le premier, plus tes trois nouvelles tounes, plus les sept qu'on n'a pas mises sur le premier, plus la chanson d'Astérix, *Hong Kong Blues*, *Le roi d'Angleterre* pis *J'suis snob*... quatre *covers* ?

— D'mande-moé pas d'écrire dix nouvelles chansons. Chu pas capable là. Le prochain album, ça va être le troisième, si y en a un... J'ai besoin d'faire le ménage. J'ai envie de r'monter l'show aussi. Avec des cuivres. Mike joue du sax... ça va m'faire une section complète. L'album va êt' écœurant. Cool ?

— C'est pas l'mot...

Il était lancé.

— Après, j'vas m'arrêter. J'vas voyager, j'vas faire un bébé, j'vas descendre des côtes en *rollerblades*, j'vas enregistrer un autre album, j'vas tourner un film, j'vas jouer au pool... Je l'sais pas, moé... J'vas attendre que ça monte... J'sais pas *si* ça va monter, *quand* ça va monter pis j'sais pas *où*, mais c'est comme ça qu'ça va s'passer. Quand l'bébé va pousser assez fort, j'vas savoir que c'est l'temps. P't'être que ça montera pu jamais... J'vas peut-être frapper l'mur... la page blanche... Ça va peut-être finir là...

* * *

Le référendum

> *Dans la blanche monotonie*
> *Où la neige au vent se marie*
> *Dans ce pays de poudrerie*
> *Mon père a fait bâtir maison*
> *Et je m'en vais être fidèle*
> *À sa manière, à son modèle*
> *La chambre d'amis sera telle*
> *Qu'on viendra des autres saisons*
> *Pour se bâtir à côté d'elle*
> (Gilles Vigneault, Mon pays)

Dédé avait enfin fini de retoucher l'album. Le résultat était bien en deçà de nos espérances, mais dans ce métier, on n'est jamais trop sûrs de rien.

Nous ne savions pas vraiment à quoi nous attendre.

Liz était pressée d'organiser le lancement de l'album, mais il y avait un os : elle n'arrivait pas à nous trouver une date.

— Le Spectrum est booké mur à mur... Le Club Soda est trop p'tit... J'ai deux dates au Medley. Le 30 pis le 31 octobre.

— Le 30 ?

Le 30 octobre, c'est-à-dire le jour même du référendum...

— Ça a l'air de quoi, le 31 ?

— Y a deux aut' lancements. Y sont à l'agenda de l'ADISQ.

— Mets un hold sur le 30...

— Pourquoi faire ? Y a personne qui va booker un lancement le jour du référendum...

— J'ai une idée. J'te rappelle.

Le 31 ne me disait rien qui vaille et, en plus, c'était l'anniversaire de Lise.

* * *

Un peu plus tard, au Doux

Il s'était mis un chandail de bébé sur la tête. Un chandail rayé. Les deux manches pendaient de chaque côté de ses oreilles. Ses lunettes d'aviateur achevaient de lui composer un look à la *Peanuts* (je pense au personnage de Schultz, pas à Réjean Houle...).

— As-tu déjà entendu parler de l'insecte catapulte ?

— Pas assez souvent...

— Oui ou non ?

— Non.

— Ça veut dire que tu nous a pas vus jouer depuis longtemps... J'en parle trois fois dans l'show.

— Tu m'les casses, Dédé.

— *Que pasa hombre ?*

— J'ai envie d'lancer l'album le soir du ré-férendum. On installerait des écrans géants. On s'brancherait sur Bernard Derome. Le show com-mencerait tout d'suite après l'annonce du résultat final.

— Si le NON passe, j'chante pas.

— Si c'est NON, ça s'peut qu'Mike aye envie d'chanter, lui. Attends-moi une minute...

J'ai appelé Liz. Elle a décroché immédiatement. Elle était survoltée.

— J'capote ben raide. Radio-Canada embarque. Y ont assigné deux cameramen pis trois reporters au Medley. Bernard Derome va interviewer Dédé. Y vont l'annoncer toute la journée. On va r'fuser du monde...

* * *

Note

Nous attendions cinq cents personnes. Le jour du référendum, Liz m'a passé un coup de fil pour me dire qu'il en viendrait mille.

Ils étaient plus de deux mille trois cents quand nous avons ouvert les portes du Medley.

On ne peut plus se fier à personne...

* * *

Je suis retourné à ma table. Zorba achevait de ramasser la vaisselle sale de Dédé.

— Merci Jimmy.

— Long time no see, monsieur Raymond.

Il avait l'air d'avoir envie de parler. Je l'ai congédié du regard.

Dédé avait l'air soucieux.

— T'as raison pour Mike... Gagne ou perd, on va jammer jusqu'à trois heures du matin...

Je lui ai rapporté ma conversation avec Liz.

— All right...

Son « all right » était moins franc que d'habitude.

— As-tu voté OUI en 1980 ?

— Oui.

— Lise ?

— J'imagine que oui... On s'connaissait pas en 80...

— Allez-vous voter OUI ?

— Oui.

— Penses-tu qu'ça va passer, un référendum en Scorpion ?

— Pas sûr... Ça prendrait un vote à main levée. On est un peuple d'ados... On veut bien « partir en appartement », mais dans l'isoloir, on s'décide pas à renoncer au pâté chinois d'maman pis au char de papa... Claude Gauthier avait raison : « On est prévus pour l'an 2000 ».

— J'comprends pas. On est six millions, hostie !

On a une langue, une culture, une tradition... On a des frontières, on est des patriotes pis on aime les étrangers. On est un peuple. On se r'connaît ent' nous aut' pis les aut' nous r'connaissent. On est pas des guerriers. On a une sensibilité artistique...

— Le problème, c'est qu'on fait pu d'enfants...

— Le problème, c'est qu'on est des hostie d'pissous !

Zorba avait eu le temps de laver la vaisselle et de préparer ses cigares au chou quand Dédé a finalement consenti à me laisser filer.

* * *

Si la tendance se maintient...

> *Condamné par le doute, immobile et craintif*
> *Je suis comme mon peuple, indécis et rêveur*
> *Je parle à qui le veut de mon pays fictif*
> *Le cœur plein de vertige et rongé par la peur*
> (André Fortin, *La comète*)

À dix-huit heures trente, ils étaient mille. À dix-neuf heures, ils étaient deux mille trois cents. Après, on a arrêté de compter.

La plupart d'entre nous avions voté OUI. Ça s'entendait...

Quelques « personnalités publiques » étaient venues chauffer la foule.

La veille, Raymond Lévesque m'avait faxé un texte qu'il avait intitulé *Les dix commandements du souverainiste*. Il voulait que je demande à quelqu'un de les lire « en avant ». C'était une liste de commandements assez fielleux, merci, qui invitaient les souverainistes à crever les pneus des Anglais (« Des Anglais, tu crèveras les pneus consciencieusement... »), à leur botter le derrière, etc. C'était assez joliment tourné, mais je lui ai rendu le service de les garder pour moi.

Au fur et à mesure que les résultats tombaient, la foule s'enthousiasmait.

Je regardais Dédé. Il se retenait encore un peu d'y croire, mais il était visible qu'il faisait une poussée d'adrénaline. Il avait la bouche entrouverte et les yeux écarquillés.

Pour l'heure, le OUI était légèrement en avance. Nous étions à « ça » d'entrer dans l'Histoire.

Ce qui aurait dû être le lancement du deuxième album des Colocs était devenu n'importe quoi sauf cela, mais à part moi, personne ne s'en souciait.

À vingt-deux heures trente, Bernard Derome a platement annoncé la victoire du NON.

Si vous pensez que Claude Charron a pleuré le soir du premier référendum, vous n'avez pas vu Dédé pleurer quand il a réalisé que le NON l'avait encore remporté.

En passant près de moi, il m'a glissé quelque

chose à l'oreille :

— J'le prends dur en hostie.

Ce soir-là, il a perdu quelques-unes de ses dernières illusions. Ça paraît énorme (et ça l'est), mais je crois qu'il serait encore là si l'Assemblée nationale avait proclamé l'indépendance du Québec.

* * *

Un beau voyage au Canada

> *Nous irons à Montréal à cheval*
> *À CHE-VAL !*
> *Nous irons à Toronto en auto*
> *EN AU-TO !*
> (Charles Trenet, *Un beau voyage au Canada*)

Les trois années qui suivirent achevèrent de lui couper les ailes.

Le nouveau p-d.g. de BMG-Canada, Paul Alofs, a parti le bal. Il m'a fait demander à Toronto. Je ne savais pas trop ce qu'il me voulait au juste, mais j'y suis allé. Il avait l'intention de remplacer Ian Tremblay par « un homme à lui », mais je ne le savais pas encore.

— Hi, Raymond ! Make yourself comfortable. Have a cigar...

En traversant le hall d'entrée, j'ai tout de suite remarqué une reproduction si rococo qu'elle aurait été à sa place dans le salon de ma mère, entre mon épouvantable photo de mariage et celle de Sa Sainteté Jean XXIII. Il s'agissait de la photo de la réceptionniste de BMG. Il y avait une inscription juste en dessous : « Employee of the month ».

— We are a family, m'avait expliqué le p-d.g., a real family. Each one of us is important...

Il n'avait rien à me dire. Les Colocs étaient les meilleurs vendeurs de BMG au Québec. Il s'apprêtait à congédier Ian Tremblay, il savait que cela ferait des vagues et il tenait à ce que les Colocs lui donnent deux autres albums. C'était tout.

— Raymond, I want to be able to send flowers to your wife in ten years...

Il me faisait un numéro qui n'avait aucune prise sur moi. Il me débitait les aphorismes de Dale Carnegie sur un ton si condescendant que j'avais énormément de mal à ne pas lui rire en pleine face.

— I want you guys to feel at home...

Je n'avais rien à lui dire moi non plus. J'ai remballé les quelques albums que je lui avais amenés et je lui ai remis une affiche autographiée des Colocs.

— C'est d'la part de « you guys ».

* * *

Aparté

Alofs a finalement congédié Ian Tremblay. Celui-ci a répliqué en poursuivant BMG-Canada pour plusieurs centaines de milliers de dollars.

La bagarre a duré deux ans.

Dans l'intervalle, les Colocs, Térez Montcalm, Blaise & Daphné, T.S.P.C. (Trop Soûls Pour Cruiser) et quelques autres artistes en ont un peu payé le prix. C'est avec Ian Tremblay qu'ils avaient signé. Or celui-ci ne pouvait plus rien pour eux parce que BMG-Canada lui avait coupé les vivres et parce que l'affaire était *sub judice*.

Quant à Alofs et à son nouveau lieutenant québécois (une tête à la Jean Lapierre), ils attendaient le jugement de la Cour supérieure avant de réinjecter des sous dans la promotion de leurs albums québécois, et puis, de toute façon, il n'y avait que les Colocs qui les intéressaient vraiment.

Je n'avais quant à moi aucune envie de « re-signer » les Colocs chez BMG. Ils avaient eu nos deux premiers albums, ils n'auraient certainement pas le prochain.

Toujours est-il que j'ai réussi à rompre le lien d'exclusivité qui existait entre les Colocs et BMG. (J'ai invoqué une des dispositions de la convention UDA-ADISQ qui interdit à quelque producteur que ce soit de conserver ses liens exclusifs avec un artiste au-delà d'une période maximale de cinq ans.)

L'affaire Ian Tremblay versus BMG-Canada s'est finalement réglée à l'amiable. Je ne sais pas combien Ian a touché, mais je sais qu'il a finalement eu gain de cause.

* * *

Things go better with Coca-Cola !

Pendant que toutes ces choses arrivaient, Dédé devenait de plus en plus *stiff* (le mot est de lui).

Il refusait à peu près toutes les demandes d'entrevues. Il ne signait évidemment pas d'autographes. Il ne faisait aucune concession, JAMAIS.

Un matin, je lui ai transmis une offre que venait de me faire l'agence de Coca-Cola.

Il n'avait pas un sou. Il vivait presque exclusivement de ses droits d'auteur et de l'argent que je lui avançais. Il ne faisait presque plus de spectacles.

L'agence lui offrait trente-cinq mille dollars pour chanter trente secondes hors champ dans une annonce branchée de Coca-Cola.

— J'en bois d'l'hostie d'Coke. J'en bois même si j'sais qu'les administrateurs d'la compagnie sont des criminels qui exploitent des enfants dans l'nord d'la Corée pis partout dans l'monde. J'en bois, mais j'irai certainement pas jusqu'à chanter dans une pub de Coke. J'aime autant sécher.

— Si c'est ça qu'tu veux, tu vas être exaucé. Les prochains mois vont être difficiles...

— Le f'rais-tu à ma place ?

— Probablement pas.

* * *

Bon Yeu donne-moé une job

Nous nous étions donné rendez-vous au Doux. J'avais décidé d'y aller à pied.

En descendant la rue Saint-Denis, j'ai croisé Dennis Pentis. Il y en aurait long à écrire sur lui mais, pour les fins de mon propos, je me contenterai de dire qu'il était à l'époque le producteur de Pierre Lalonde, de Michèle Richard, de César et les Romains, de Claire Lepage, de Goliath et les Philistins, des Habits Jaunes, etc. C'est une légende dans le milieu.

— Ça va ?

— C't'une drôle de *game*, le showbusiness. On passe not' vie à essayer d'monter su'a montagne, pis en montant, on rencontre du monde qui r'descend...

Ça m'avait rendu de bonne humeur. Je souriais encore quand j'ai rejoint Dédé au Doux.

— J'ai une idée d'clip pour *Bon Yeu*.

Bon Yeu était cette chanson qu'Alan Lord avait laissée sur le répondeur de Dédé et qui figure sur *Atrocetomique*.

— J'vas chorégraphier cent figurants. On va monter un million d'pancartes avec les vingt-six lettres de l'alphabet dessus. En se croisant, les figurants vont former des mots... des phrases complètes, même... Écoute ça... On va créer cent jobs. On va engager des sans-abri pis des B.S. On met toute le budget sur eux autres. On s'paye pas personne... J'tourne en Super huit. Ça va rien coûter...

— Y va falloir que je d'mande à Lise de m'aider. Ça risque d'être assez compliqué.

— All right !

Il était content. Elle n'était pas encore sa gérante, mais elle le rassurait déjà.

Ceux qui ont vu le clip admettront avec moi que c'est un chef-d'œuvre.

Il avait fallu toute l'ingéniosité d'Éric Henry, le complice de Dédé dans la réalisation de ses vidéoclips, pour faire d'une centaine de purs amateurs des interprètes plus que potables.

Le tournage du clip avait occupé Dédé durant quelques semaines. Mais c'était trop peu et probablement trop tard...

* * *

Exit Christian Moquin

Christian Moquin était l'origamiste du 2116 et le coloc de François Boucher et de Bronski. Il devait avoir vingt-huit ans. Il était peintre, infographe, dessinateur, origamiste, ébéniste, décorateur, etc.

Dédé et lui passaient beaucoup de temps ensemble.

Il était si distrait qu'il ne se passait pas une semaine sans qu'il lui arrive quelque chose. C'est terrible, la distraction, quand on est asthmatique et quand on est allergique aux arachides...

Un matin, Dédé a débarqué chez moi. Sans prévenir. C'était assez rare pour que je m'en inquiète.

— T'as l'air fatigué.

— Christian est mort... Y a piqué une cuisse de poulet dans l'assiette de quelqu'un pis y se l'est goinfrée en trente secondes... C'tait du poulet aux arachides. Ça l'a pogné à la gorge. Y avait oublié son hostie d'seringue. Ça s'est faite en cinq minutes. Y a couru dehors... Quand l'ambulance est arrivée, y v'nait juste de mourir. Y ont pas été capables de l'réanimer...

Il pleurait.

— Y était pas prêt. Y était pas rendu là. La mort est folle... A fait attendre les malades, a répond pas quand on l'appelle, a tire dans l'dos... La seule vraie liberté, c'est d'choisir l'heure de sa mort. Le moment v'nu, c'est moé qui va décider...

Il avait parlé jusqu'à plus soif.

— J'ai une question à t'poser.

— Shoote.

— Prends-le pas mal. Es-tu maniaco-dépressif ?

— Si tu veux savoir si j'prends du lithium, la réponse c'est non.

— Tu devrais décrocher, Dédé.

— Pour quoi faire ?

— Pour rien faire, justement. Pour connecter avec Sophie, pour tripper au Cochon Souriant, pour te soigner... François m'a dit qu'y t'a entendu pleurer soixante-douze heures de suite à travers la porte de ton loft... J'sais pas c'que c'est, Dédé, mais j'sais qu'c'est dangereux...

— Y m'reste un album à faire. J'l'ai promis à Pat. J'ai juste besoin d'un peu d'repos.

— J'vas d'mander à Lise de t'louer une inter-médiaire chez Via Route. Va faire un tour au Lac. On se r'parle la s'maine prochaine.

* * *

Nino Ferrer

Dédé était un fan de Nino Ferrer. Il connaissait la plupart de ses chansons par cœur. Les Colocs en faisaient d'ailleurs trois en spectacle : *Le téléfon*, *Le roi d'Angleterre* et *Mamadou Mémé*.

Dédé l'aimait à cause de son intensité, je crois.

Les deux « scataient » et faisaient des claquettes. Les deux passaient pour être plus rabelaisiens qu'ils ne l'étaient en réalité.

Un soir, j'ai eu l'idée de monter un programme double (Ferrer et les Colocs) et de le produire à Montréal.

J'en ai parlé à Dédé.

— Cool... J'peux-tu y parler ?

— J'vas d'mander son numéro d'téléphone à Jean-Fifi. Y vient d'sortir un *live* de Ferrer.

Ils s'étaient assez longuement parlé un dimanche après-midi. Ferrer avait écouté la version que Dédé avait faite du *Roi d'Angleterre*. Il avait flippé.

Je n'ai jamais su au juste ce qu'ils s'étaient dit, mais quand Dédé m'a rappelé, il avait un large sourire dans la voix.

— Sa mère est malade...

— Y t'a parlé d'sa *mère* ?

— Ça t'surprend ?

— Y a soixante-deux ans !...

— Yé comme moé. Y a toujours frette... y perd sa chaleur... y danse pour se réchauffer... Y a jamais embrassé sa mère.

— L'embrasses-tu, la tienne ?

— A l'aime pas ça s'faire embrasser...

Il s'amusait.

— Chu allé la voir à l'hôpital l'année passée. Y l'avaient strappée dans son lit. A pouvait pratiquement pas bouger. J'en ai profité pour l'embrasser partout... sur les orteils, sur les doigts, sur le front, sur les g'noux... A l'essayait de m'faire les gros yeux, mais 'était pas capable de s'défendre.

— Dédé...

J'avais hâte qu'il me dise ce que Ferrer et lui avaient décidé.

— Qu'est-ce que vous faites, finalement ?

— On va l'accompagner. Y va chanter *Mauvais caractère*, la p'tite *Julie* pis une aut' chanson. On va faire cinq duos.

* * *

La désabusion

Ferrer n'avait plus d'agent depuis longtemps. Dans le métier, on disait qu'il était parano, dépressif et frustré. Jean-Philippe, qui connaît les hommes, m'avait prévenu.

— Il n'est pas bien...

— Bonjour Monsieur...

— Vous avez parlé à Dédé ?

— Oui-oui... Il a la pêche... Vous m'offrez combien ? Je ne veux pas faire marchand de tapis, mais vous savez, je ne fais plus beaucoup de concerts...

— Dix mille dollars ?

— Ça fait combien ?

— À peu près quarante mille francs.

— Y a encore un truc...

— Un truc ?

— Je ne prends jamais l'avion. Je viendrai en bateau, avec ma femme, ou je ne viendrai pas.

— J'vais voir c'que j'peux faire... J'vous faxe mon offre finale demain après-midi.

Je n'ai pas cherché à « finasser ». Je lui ai tout de suite fait ma meilleure offre. Dix mille dollars plus deux traversées de l'Atlantique en bateau. Mais ce n'était pas assez pour lui. Il voulait encore plus d'argent. Il exigeait toutes sortes d'attentions...

À un moment donné, j'en ai eu assez. Je l'ai envoyé paître :

— J'comprends pourquoi vous avez commis *La Désabusion* (un de ses derniers albums).

Il m'avait répondu que je ne comprenais rien à rien. Il ne s'est rien passé d'autre entre nous. Je ne lui ai plus jamais reparlé.

* * *

Exit Nino

Le mois suivant, j'ai lu dans le journal que la mère de Nino Ferrer avait rendu l'âme et que son chanteur de fils s'était tiré une balle de fusil dans le cœur.

— « Triste, triste était mon âme... À cause, à cause d'une femme... »

Quand je lui avais annoncé la nouvelle, Dédé s'était contenté de me réciter ces quelques vers de Verlaine.

— Yé rentré par la porte d'en avant. Ciao Nino...

— Y était malade, Dédé.

— La catharsis, c'pas une maladie mentale.

— S'prendre pour un oiseau, c'pas une maladie mentale non plus. Tant qu't'essayes pas d'voler...

* * *

Samba triste

Serge Robert quitta les Colocs en 1995. Raison officielle : changement d'orientation artistique, et accouchement de Mononc' Serge.

Il y avait, en réalité, beaucoup de cela, mais il y avait bien autre chose : il trouvait Dédé hyper contrôlant et il se méfiait de moi comme de la peste.

Il était de loin le plus rabelaisien des cinq. Son départ, après celui de Pat, a complètement changé la face des Colocs.

Il ne restait plus que Mike, Jimmy et Dédé... mais la « fête » n'était pas encore finie.

En 1996, Mike Sawatzky a embouti un arbre, un lampadaire ou autre chose sur la rue Notre-Dame, à trois heures du matin. Il en est miraculeusement sorti vivant, malgré de multiples fractures...

On lui avait vissé, de chaque côté de la tête, une sorte de carcan qui lui retenait le cou. Il avait la hanche et la jambe dans le plâtre.

Quand je suis arrivé à l'hôpital, j'ai entendu Dédé chanter et jouer de la guitare avec Mike. Il s'était installé dans le lit d'à côté sans même prendre la peine d'enlever ses bottes sales. Mike jouait de l'harmo. Ils se bidonnaient.

Je me suis tiré une chaise droite et je les ai regardés comme il faut. Ils avaient l'air de deux ti-culs en vacances...

L'accident de Mike, la démission de Mononc' Serge, la mort de Pat, celle de Christian et le suicide de Nino Ferrer... tout cela leur coulait apparemment sur le dos comme de l'eau sur le dos d'un canard.

On s'habitue à tout, même à la mort.

* * *

Exit Bronski

> *Vot' p'tit chien madame, vot' p'tit chien madame*
> *M'a mordu*
> *Sur une cuisse madame, sur une cuisse madame*
> *Près du ...*
> (Vot' p'tit chien madame)

François Boucher était le coloc de Christian et le maître de Bronski. C'est un excellent photographe, à qui nous devons la page couverture du livre que vous avez entre les mains.

Un après-midi, je l'ai croisé en face du 2116.

— Bronski s'est poussé. On s'prom'nait su'a rue Sherbrooke, pas loin d'ici. Y courait partout. J'l'ai perdu d'vue... Ça fait trois jours que je l'cherche.

Ce n'était rien... rien qu'un petit chien de quatorze ans qui s'était fait la malle. Mais c'était une petite mort de plus, un autre départ...

Ça devenait franchement déprimant.

* * *

Les Colocs en Gaule

Avant *Dehors Novembre,* il y eut encore une tournée européenne. Une douzaine de spectacles en France, en Belgique et en Suisse. Une tournée éclatée, à toutes sortes de points de vue.

Dédé a commencé par traîner les deux Ben (Ben Trombone et Ben Trompette), Jimmy et Lulu (notre ingénieur du son) au Louvre. Il trouvait qu'un peu de culture leur ferait le plus grand bien.

Quand Ben Trompette avait fini de boire et de manger ses *per diem* (l'allocation quotidienne des musiciens), il jouait de la trompette sur les quais. Il était alors capable d'arracher à sa trompette des sons si déchirants que les passants lui jetaient plein de pièces...

Je vous passe le reste en accéléré.

En trois jours, Ben Trompette a réussi à se monter une ardoise dans un cabaret, Lulu a failli se battre avec n'importe qui, et quelque chose de terrible s'est installé entre deux des Colocs... quelque chose de terrible qui a dégénéré et qui a fini par faire éclater ce qui restait du band.

Dédé (ce n'était pas l'un d'eux) en a énormément souffert.

Ils s'éclatèrent à Bruxelles, avec les Frères Brozeur et leur bassiste André Vanderbiest qui allait éventuellement remplacer Mononc'Serge à la basse électrique et qui allait devenir le Vander que vous connaissez (au fait, le connaissez-vous ?) et ils s'éclatèrent encore plus à Nyon, en Suisse, avec des magiciens, des jongleurs et des avaleurs de feu.

À la fin de la tournée, Dédé et moi sommes allés manger des pappadums, des oignons baji et du poulet tandoori chez Tagore, sur le boulevard Saint-Laurent.

Il était « bas ».

— Si j'fais un aut' album, j'vas l'faire avec d'aut' musiciens. Chu pas sûr que j'vas garder Jimmy, les deux Ben pis Lulu...

— Jimmy ?

— Y tire de son bord... Y m'trouve pas assez professionnel... Y m'suit pu...

— Tu gardes Mike ?

— Mike, c'est mon *soulman*...

Nous avons bu deux bouteilles de vin.

Il m'a rabâché quelque chose au sujet de la « page blanche » que doit inévitablement confronter tout véritable créateur et il m'a parlé de son idéal de pureté.

C'était assez confus, merci.

Je reconnaissais le discours tordu de Mishima.

— T'es en train de t'peinturer dans l'coin, Dédé. La pureté, c'est une tente à oxygène dans l'désert, c'est une voie sans issue. La page blanche, c'est l'néant. Tu commences à m'inquiéter sérieusement... Mishima est un sorcier, Dédé. Y va finir par t'empoisonner. T'as besoin d'aide... d'une aide professionnelle.

Ça l'avait évidemment fait bondir.

— Tu t'trompes au sujet d'Mishima. Tu l'connais pas. C'qu'y dit, je l'expérimente tous les jours, dans mon corps pis dans mon âme. Les psychiatres, c'est des mécaniciens, pas des directeurs de conscience. C'est mon âme qui est malade, pas ma tête.

— O.K. Dédé. On prend un autre appel...

Il n'y avait rien à faire. Ceux qui ont essayé de raisonner Hubert Aquin, à la fin des années 70, savent de quoi je parle.

J'ai côtoyé des centaines d'auteurs. J'en ai « géré » quelques dizaines. J'ai passé plus de temps avec eux qu'avec mes amis.

Je ne sais pas ce qui m'attire en eux.

Je les ai vu se lancer dans le vide, sans parachute et sans filet. Je les ai vu foncer dans le mur. Ce sont des désespérés, mais ne dit-on pas que les chants désespérés sont les chants les plus beaux ?

Je sais qui ils sont et d'où ils viennent.

Moi aussi, j'ai parfois envie de sauter dans le vide, mais j'ai le vertige. J'ai peur d'avoir mal, peur du chant de la sirène, peur de l'eau, peur des couteaux, peur de tout...

Envoyez les enfants se coucher, j'ai un aveu à vous faire : je pense que j'aime la vie.

* * *

Super Lise entre en scène

> *Il suffirait de presque rien*
> *Peut-être dix années de moins*
> *Pour que je te dise...*
> (Serge Reggiani, *Il suffirait de presque rien*)

Ça s'est passé dans la vieille camionnette déglinguée que j'avais rachetée de Fred Fortin.

— Lise, Dédé... Dédé, Lise.

Je m'étais contenté de les présenter l'un à l'autre.

Beaucoup plus tard, elle m'a avoué qu'elle l'avait trouvé « cute à mort ». Je ne le lui ai jamais dit, mais Dédé la trouvait super racée.

— Lise, c'est l'avenir d'la femme. C'est une très vieille âme. J'la r'connais...

Pour toutes sortes de raisons (leur différence d'âge en étant une), leur « affaire » n'a jamais dépassé le stade virtuel.

— Ça t'tente-tu d't'occuper d'mes affaires ?

Elle avait évidemment dit oui.

À partir de cette minute, il n'a plus jamais payé une facture de sa vie. Il avait une carte de Bell et une carte de débit de la Banque de Montréal. C'était tout. Elle déposait deux cent cinquante dollars dans son compte tous les vendredis matin, et il s'arrangeait avec. Elle payait ses comptes, son loyer, son dentiste et toutes ses autres dépenses.

Quand elle l'a pris en charge, « y avait pas une crisse de cenne en banque pis y s'devait l'cul » (*dixit* Dédé).

Il devait cinq ou six mille dollars à l'impôt et plus ou moins dix-huit mille dollars aux Prêts et Bourses, sans compter ce qu'il me devait à moi...

Un matin, au téléphone, il lui a fait la grande demande.

— Le gars des Prêts et Bourses me court après. Raymond l'a « sluggé ». Yé en christ après moé...

Li-i-i-se... Peux-tu m'aider avec ça ?

Il avait pris ce que Lise appelait « sa petite voix », celle qui la faisait craquer à tout coup.

Et que croyez-vous qu'il advint ?

Il advint ceci : Lise a rapidement mis de l'ordre dans la cabane. Elle a pris entente avec le gars des impôts, le gars des Prêts et Bourses, le gars d'la Caisse Pop et tous ceux à qui il devait des sous.

Le citoyen Fortin est rapidement devenu le meilleur payeur en ville... et le petit Dédé n'a plus jamais manqué d'argent.

Quand il y avait un problème, il n'avait qu'à « limoner » et en un tour de main, Super Lise (l'expression est de lui) arrangeait ça.

Ce soir-là, Lise et moi avons dîné dans un restaurant de l'Île-des-Sœurs, pas loin de chez elle.

— Ça t'tente-tu de le cogérer avec moi ?

— À une condition... On signe les Colocs. On produit l'prochain album, on l'fabrique pis on l'distribue...

Elle a eu beaucoup de mal à me convaincre.

Nous avions déjà produit le premier album de Fred Fortin (*Joseph-Antoine-Frédéric-Fortin-Perron*), mais nous avions loué notre bande maîtresse à Michel Sabourin.

J'avais envie de monter un label comme de me pendre...

Dans les mois qui ont suivi, nous sommes devenus les gérants et les producteurs exclusifs des Colocs.

C'était en 1996.

Il lui restait quatre ans à vivre, et *Dehors Novembre* à s'arracher des tripes.

Les brumes de novembre

Il fut frappé comme d'une chose incroyable,
qu'au milieu d'une aussi terrible souffrance,
ce qui pouvait être regardé pût encore être regardé
et que ce qui existait puisse encore exister.
(Yukio Mishima, *Patriotisme*)

Novembre était son mois. Je dirais qu'il faisait une sorte de fixation sur ce « neuvième mois » de l'ancienne année, qui passe pour être le mois des morts.

Il est né le 17 novembre 1962, à Saint-Thomas-Didyme, au Lac-Saint-Jean.

Il avait huit ans quand Yukio Mishima, l'auteur des quatre romans de *La mer de la fertilité*, s'est suicidé, en novembre 1970, après s'être mis en scène dans un film qui préfigurait sa propre mort.

Dans une de ses nouvelles intitulée *Patriotisme*, Mishima décrit en détail ce suicide rituel des samouraï (*seppuku*) qu'il allait finir par exécuter sur lui-même, au terme de ce que les gens de chez Gallimard appellent encore « une tentative politique désespérée qui a frappé l'imagination populaire ». On ne peut pas en dire moins...

Le récit de Mishima, qu'il avait lu au cégep, avait produit sur lui une très forte impression et l'avait profondément bouleversé. Il s'en était imprégné au point de faire corps avec le samouraï quand il enfonçait la lame dans son ventre en essayant de transcender la douleur. Il fallait voir son visage quand il en parlait...

Je savais qu'il était suicidaire. Nous le savions tous. Il était suicidaire comme d'autres sont alcooliques, cocaïnomanes ou joueurs. J'étais loin d'être sûr qu'il finirait par passer à l'acte, mais il était évident qu'il était « à risque ».

Je tiens maintenant pour sûr qu'il avait l'intention de se suicider en novembre 1999, tout de suite après le gala de l'ADISQ. (À ce propos, Bourgault avait raison : il avait vraiment crié « adieu ». Je l'ai entendu moi aussi.)

S'il ne l'a pas fait, c'est qu'il tenait à être là le 1er janvier de l'an 2000, quand le 20e siècle tournerait de l'œil... et puis on ne se suicide pas trente jours avant l'avènement d'un nouveau millénaire quand on a comme lui le sens du *timing* et quand on a goûté à la sublimation artistique.

Mais je mets la charrue devant les bœufs.

Un dimanche après-midi, chez Sophie

Quand je suis arrivé chez Sophie, il lisait *Éloge de la fuite* de Henri Laborit.

Ça ne m'avait pas surpris outre mesure.

Il s'était piégé lui-même en annonçant trop tôt que le troisième album des Colocs s'en venait. Il ne se passait d'ailleurs pas une semaine sans que quelqu'un vienne le lui rappeler.

Chœur des musiciens
— On peut-tu en écrire des tounes nous autres aussi ?
— Ça fait trente-six semaines qu'on n'a pas joué... BMG paye pas... Y m'reste pu une crisse de cenne... J'vas être obligé d'me trouver une job...

Chœur des techniciens
— J'commence à avoir des offres. Qu'est-ce que j'fais ?
— J'pense que j'vas r'tourner aux études...

Ils ne l'« écœuraient » pas vraiment, mais, sans le savoir, ils lui mettaient une tonne de pression sur les épaules.

Il était content de me voir.
— Faut qu'tu m'aides. J'ai pas écrit une hostie d'ligne depuis six mois. Tout l'monde attend après

moé... Montréal me « blaste ». J'aimerais ça trouver d'quoi à' campagne. On pourrait s'monter un studio pis s'installer toute la gang...

— Veux-tu prendre une année sabbatique ?

— J'ai pas besoin d'une année sabbatique. Tout c'qu'y m'faut, c't'un grand chalet, une vingt-quatre entrées, un *pro-tool*, des bons micros, du filage, des amplis... Un kit à quarante mille piasses. Y ont ça chez Karisma.

— J'les prends où, les quarante mille piasses ?

— Tu me d'mandes ça à moé ?

— J'passe te prendre à dix heures demain matin. On s'en va dans les Cantons-d'l'Est. On va faire le tour des kiosques d'Information touristique. Y ont des annonces de chalets à louer. On devrait pouvoir trouver.

En rentrant chez moi, je n'étais pas loin d'être convaincu qu'il était en train de « choker ». Il venait à peine d'emménager chez Sophie parce que l'air du 2116 lui était soudainement devenu irrespirable, et voilà qu'il se « cherchait d'quoi » à la campagne...

Le lendemain matin, nous avons pris la direction des Cantons-de-l'Est. Il avait quelque chose en vue à Saint-Étienne-de-Bolton.

Le chalet lui-même était de grandeur moyenne. Il y avait une chambre à l'étage, une cuisine, un salon et deux autres chambres au sous-sol. Mais ce n'était pas tant cela qui faisait flipper Dédé que le grand bâtiment vide annexé au chalet.

Le propriétaire y avait fait creuser une grande piscine, mais, l'expérience n'ayant pas été concluante, il l'avait recouverte d'un plancher de charpente.

— On va monter l'studio là-d'dans. L'acoustique est écœurante !

— J'ai pas encore trouvé l'argent...

— Tu vas l'trouver.

S'il n'en avait tenu qu'à lui, il aurait signé le bail l'après-midi même, mais, pour une raison qui m'échappait, le propriétaire était visiblement moins pressé que lui.

— Vous téléphonerez à ma femme pour les références. J'vous laisse son numéro.

* * *

Le lendemain midi, au café Toi et Moi

— Y a un os.

— Comment ça ?

— Y veulent pas vous louer l'chalet.

— Pourquoi ?

— Y ont vu *Bon Yeu* à Musique Plus. Y pensent que vous êtes une gang de sans-abri. J'ai pas été capable de rassurer la madame.

— T'es moins rassurant qu'moé... Parles-en à Super Lise. A l'a mis l'gars des Prêts et Bourses dans sa p'tite poche d'en arrière. A va s'arranger avec la madame.

* * *

Super Lise au rapport

— Allô !
— Allô.
— Faut qu'j'te conte ça...
— As-tu parlé à la madame de Saint-Étienne ?
— Écoute...

Elle était morte de rire. La madame avait trouvé Dédé « ben d'son goût », mais elle avait paniqué quand elle avait vu le clip des Colocs à la télévision.

— Au commencement, a voulait rien savoir. A pensait qu'y étaient toutes su'l'B.S.

Il avait fallu qu'elle écoute tout ce que la madame avait à dire, qu'elle la laisse vider son sac et qu'elle finisse par dire comme elle.

— J'vous comprends... mais Dédé aime ben gros vot' chalet. Y va y faire attention, vous allez voir...

À la fin, entre la madame et Lise, c'était la symbiose parfaite.

— J'vas m'occuper d'tout, madame Prémont. Le loyer, le ménage, le bruit, tout...

J'étais pressé de savoir à quel prix la madame lui avait loué le chalet.

— Combien ?

— Cinq cent piasses par mois, plus l'électricité, le chauffage pis l'téléphone.

— Veux-tu qu'j'en parle à Dédé ?

— Non, non... Laisse faire... J'vas m'arranger avec lui.

* * *

Le studio

Dédé avait maintenant son chalet dans les Cantons-de-l'Est, mais il restait encore à l'équiper.

C'est BMG-Canada qui m'a prêté les quarante mille dollars qu'a coûté le studio. C'est une histoire assez compliquée...

Paul Alofs voulait absolument protéger l'investissement de BMG dans les Colocs, mais il ne pouvait pas se permettre d'intervenir directement *because* le procès que lui faisait Ian Tremblay. Il avait eu l'idée de me prêter l'argent, une façon comme une autre de contourner la difficulté, à charge pour moi de trouver le moyen de refiler le studio aux Colocs.

Dans les semaines qui suivirent, Lulu et Normando achetèrent l'équipement chez Karisma. Ils l'installèrent dans le bâtiment attenant au chalet.

Lise et Dédé concoctèrent une formule d'achat qui permettrait à chacun des membres des Colocs d'acquérir sa juste part du studio, sans débourser un sou, comme d'habitude...

* * *

It's a wrap

C'était l'été. Dédé « bûchait comme un Viet ». Il était seul la plupart du temps. Son interminable chemin de croix venait de commencer.

Il me téléphonait de temps en temps. La solitude lui pesait... Sophie « branlait dans l'manche »... C'est en tout cas ce qu'il me disait.

Il s'était déniché une très, très vieille voiture (c'était peut-être celle de Sophie) qui lui évitait de pédaler durant quarante-cinq minutes chaque fois qu'il avait besoin de quelque chose au dépanneur.

À un moment, Vander, qui avait remplacé Serge Robert à la basse électrique, est venu le rejoindre.

Dédé avait deux ou trois canevas de chansons sur sa table de travail.

Vander, qui n'est pas le moins angoissé des hommes, le tenait à bout de bras. Il s'occupait de la bouffe, des cigarettes et de l'intendance. Il était en plus le gardien du moral des troupes. Mais il y avait autre chose encore : Vander est un auteur. Un vrai. (Je pense même qu'il va finir par écrire des livres.)

Ensemble, ils parlaient grammaire, syntaxe et versi-
fication.

Fuyez, grammairiens, pleins de bile et d'audace
Vous qui pour une lettre, un seul point hors de place
D'abord versez l'encre à torrents
Puis sonnez le tocsin sur tous les ignorants
(Pitaval)

Il leur arrivait de se brancher dans leurs amplis
et d'« essayer des trucs » (l'expression est de Vander).

Bref, Dédé allait au charbon et Vander galérait,
mais, à vrai dire, ça n'avançait pas beaucoup...

Un matin, je l'ai sorti de Saint-Étienne et je l'ai
emmené prendre un café à Eastman.

— *It's a wrap*, Dédé (c'est l'expression que les
réalisateurs utilisent à la fin des tournages pour dire
aux acteurs et aux techniciens de ramasser leurs
affaires). J'en ai assez. J'sais pu quoi dire aux techniciens, à Lise, à BMG, à Sabourin, à Serge Paré pis
aux autres.

— J'donne toute c'que j'ai...

Il pleurait presque.

— T'as pu rien à donner, Dédé...

— Si j'fais l'album, j'ai au moins *une* chance de
passer à travers. Si j'le fais pas, j'en ai aucune...

— Qu'est-ce que tu fais si j'ferme la shoppe ?

— J'continue pareil.

Super Lise rides again

Elle m'avait donné rendez-vous au Parthénon, un restaurant grec de l'Ile-des-Sœurs. Je savais à peu près ce qu'elle allait me dire...

— As-tu *vraiment* l'intention de redonner les Colocs à BMG ?

— ...

— As-tu parlé à Michel Sabourin ?

— Pas encore...

Je la voyais venir gros comme le bras.

— J'ai pas envie d'les refiler à une aut' compagnie... J'veux qu'on les garde... On les gère déjà, on produit leurs spectacles, leurs clips... On paye pour tout. Y t'doivent encore cinquante-six mille dollars. Tu leur as même jamais facturé d'honoraires de gérance... ON LES GARDE.

— As-tu une idée de c'que ça veut dire « monter un label » ?

— Non, mais j'sais compter par exemple... L'album de Fred Fortin nous a coûté à peu près quarante-deux mille dollars. On a loué la bande maîtresse à Michel Sabourin. Y nous redonne dix-sept pour cent du prix de gros. C'est à peu près deux dollars par album vendu, moins c'qu'on donne à Fred... Musi-Art touche dix dollars par album, moins notre part (deux dollars), le pressage et l'impression du livret (plus ou moins un dollar trente-cinq) pis les droits d'auteurs (plus ou moins quatre-vingt-dix cents). Il lui reste environ six dollars par album. Calcule...

— C'est tout calculé. J'embarque. Mais j'veux rien savoir d'la banque, de Musicaction, d'la Sodrac, d'la Socan, des rapports de vente, des taxes, d'l'administration, des employés pis des budgets...

— J'm'occupe de tout !

Dans les années qui ont suivi, nous avons successivement mis en marché deux albums des Colocs, le premier album de Lilison di Kinara, ceux de Maryse Letarte, Rebecca Dô, Bourbon Gautier, Céline Delisle, Gwenwed, Alain Villeneuve, Vander, Lulu Hughes et une quinzaine d'autres.

Comme promis, elle s'est occupée de tout.

Je me suis occupé du reste...

Avant de partir, elle m'a raconté que Dédé lui avait apporté un cadeau. Une tasse en céramique assez bancale, merci. Il l'avait « moulée » lui-même au Céramic Café.

— Y avait l'air d'un p'tit garçon. Y était *cute* à mort. J'l'aurais mangé tout rond...

* * *

Ayant renoncé à refiler les Colocs à un autre label, il nous fallait trouver un distributeur. Le choix n'était pas bien difficile. Il n'y avait que Sélect, la boîte de distribution de Rosaire Archambault.

Rosaire était mon chum. Je pensais honnêtement que ça irait tout seul...

On s'était donné rendez-vous Chez Pierre, rue Saint-André. J'étais prêt à signer. Il aurait suffi qu'il me fasse une offre. Mais il voulait être sûr à cent pour cent que j'avais rompu cent pour cent de mes liens avec BMG.

— J'vas en parler à mon conseiller juridique...

Les choses avaient évidemment traîné en longueur. C'est souvent comme ça dans le métier.

Un matin, j'ai passé un coup de fil à mon ami Pierre Charbonneau. J'ai dû lui dire que je cherchais une distribution. Il était alors l'avocat-conseil de Maurice Courtois. J'en avais vaguement entendu parler.

Il m'avait expliqué que Daniel Paradis avait quitté le groupe Archambault et qu'il s'était « acoquiné » avec Maurice Courtois de chez Pindoff pour monter D.E.P.

— Y sont prêts. Écoute-moi. Maurice est un *gambler*. Y a besoin d'un hit. T'es mieux d'être le premier chez Pindoff que le onzième chez Rosaire... On va faire une affaire. Faxe-moi un mémo. Demandemoi c'que tu veux. J'te promets une offre de Maurice dans les quarante-huit heures. J'suis sûr que ça va l'intéresser. Penses-y.

J'ai réagi instinctivement. J'ai écrit tout ce qui m'est passé par la tête : trois albums garantis, trois avances de cinquante mille dollars, quarante pour cent du prix de détail suggéré, signature dans les quarante-huit heures, etc.

J'ai faxé mes notes à Pierre et j'ai pensé à autre chose. Je ne m'attendais pas à ce que ça marche.

Dans ce métier, une minute est une heure et deux semaines sont une éternité. Les offres du jeudi sont bien souvent caduques le vendredi. Il ne sert à rien de s'énerver.

* * *

Une moustache à bâbord

Le lendemain midi, j'ai reçu un fax. Maurice Courtois et Daniel Paradis acceptaient cent pour cent de mes demandes (j'ai immédiatement regretté de ne pas avoir demandé le double). Ils étaient prêts à signer un contrat dans les quarante-huit heures. Le chèque serait prêt le même jour.

Lise avait failli sauter au plafond.

— Yeahhh !

— Rosaire va capoter...

C'était l'œuf ou l'enveloppe. Ou bien je prenais les cinquante mille de Maurice et compagnie, ou bien je prenais l'œuf... et on verrait plus tard.

J'ai passé un coup de fil à Rosaire. Il n'a pas immédiatement retourné mon appel...

J'ai signé le surlendemain. Quand Rosaire l'a appris, il m'a laissé un message. Il était furieux. Il estimait que j'avais fait semblant d'essayer de le joindre.

— Tu m'as trahi...

J'imagine que j'aurais dû lui faire part de l'offre qu'on venait de me faire.

J'ai sauté sur l'occasion que Maurice m'offrait parce que je ne pouvais plus me permettre d'attendre. J'admets que je n'ai pas « forcé à ma force » pour joindre Rosaire. Je pense que j'avais peur qu'il ne bouge pas assez rapidement.

Dans le feu de l'action, il m'arrive de « passer la puck » un peu vite. Je suis plutôt « tendre sur la gachette »...

J'ai présenté Dédé à Maurice Courtois, à Daniel Paradis, à Georges Tremblay et à Yvon Auger. Curieusement (il haïssait les commerçants), il a tout de suite aimé Maurice. Il faut dire que « Momo » est assez irrésistible.

Sur le chemin du retour, Dédé m'a fait une confidence.

— Le gars avec la moustache...

— Maurice ?

— Je l'aime ben. Y'est drôle. J'y achèterais quequ' chose à c'gars-là...

Je n'ai évidemment pas manqué de le dire à Maurice. Ça l'a fait rire.

— Si on vend cinquante mille albums, j'me fais raser la moitié d'la moustache. J'me fais raser l'aut' moitié à cent mille... Tu y diras ça.

* * *

— Allô !

— C'est moé.

— Dédé ?

— J'ai pu l'choix...

— De quoi tu parles ?

— Y va falloir que je l'fasse mon hostie d'album. Si je l'fais pas, j'fourre tout l'monde.

— J'peux encore arrêter la machine. C'est maintenant ou jamais...

— J'ai l'studio, j'ai l'chalet... Les gars s'peuvent pu... *Faut* que j'fasse l'album.

— Oublie ça... Oublie-les, oublie-moé, oublie Lise, oublie la p'tite fille de Mike... Sors-toé d'là !

— J'oublie jamais rien. C'est ça mon problème.

— T'oublies rien, mais tu t'rappelles pas d'toute. T'as une mémoire sélective, Dédé.

— J'ai presque fini d'écrire *Dehors Novembre*. J'vas d'mander aux gars d'monter à Saint-Étienne. J'vas appeler Normando.

— T'as presque fini d'écrire l'album ?

— J'parle d'la chanson... On va l'enregistrer c't'automne. On pourrait p't'être la donner aux radios en novembre...

* * *

Comme toujours quand il avait une production à monter, Dédé « passait la puck » à Normando, un patineur à la Malakhov, à la scène comme à la ville.

Normando, c'était Normand Renaud-Joly. Il était calme, efficace et discret. Il avait le don de rassurer Lise et Dédé.

Il avait étudié en cinéma et je pense bien qu'il n'acceptait de jouer les directeurs techniques qu'en attendant de faire des films avec Dédé.

En tournée, il lui arrivait de lire de la poésie espagnole pendant que les autres se défonçaient.

La mort de Dédé lui a fait très mal. Elle a brisé son lien de confiance avec plein de monde et elle a remis toutes sortes de choses en question. Mais ça, c'est moi qui le dis. Il est retourné aux études depuis. S'il n'est pas encore professeur d'histoire, il le sera bientôt. Je gagerais ma dernière chemise là-dessus.

Il était un peu le confident de Dédé. Il était capable d'en prendre. J'espère tout de même qu'il ne lui en a pas trop mis sur les épaules...

Normando était passé chez Lise, comme à l'accoutumée. Il lui avait « arraché » un budget de trois cents dollars par semaine pour la bouffe.

— On va êt' six ou sept au chalet. On va êt' là quatre semaines.

— À part Dédé, Vander pis toi, il va y avoir qui ?

— Mike, Lulu, Jimmy pis les deux Ben.

— Vous allez être huit ?

— Six, sept ou huit... c'est pareil. On va s'arranger avec tes trois cents piasses. C'est Vander qui va s'occuper d'la bouffe. Y va falloir qu'on loue du stock, par exemple...

— Du stock ?

— Y nous manque un peu d'équipement. Pis Lulu veut une avance...

* * *

La mutinerie

Les deux mois qui suivirent mirent les nerfs de Dédé à rude épreuve. Il y eut des cris, des larmes, un peu de sang et au moins une vraie bagarre.

Vander jouait parfois les officiers de justice. Il séparait les belligérants, il roulait des joints gros comme des cigarillos, il philosophait...

Quand Dédé n'en pouvait plus, il piquait une crise. Il criait comme un cochon qu'on égorge, quand il ne pleurait pas toutes les larmes de son corps. Il était tellement accablé qu'il avait tranquillement laissé Jimmy et Lulu prendre le contrôle de la production. Ça ne lui ressemblait pas.

Ils en avaient évidemment profité. Ils trouvaient Dédé trop « lousse », pas assez professionnel, pas assez techno...

Ils avaient si bien manœuvré qu'à la fin, la chanson de Dédé ressemblait à une chanson de lui, écrite pour un autre, composée en partie par un autre, arrangée, orchestrée et réalisée par quelqu'un d'autre...

C'était lui, sans le meilleur de lui.

* * *

Un après-midi de novembre, au café Toi et Moi

Il avait son walkman. Il m'a passé ses écouteurs.
— Écoute ça.
C'était *Dehors Novembre*, revue et corrigée par Lulu et Jimmy. Je l'ai écoutée deux fois. Il n'essayait pas de savoir si j'aimais ça ou non. Il regardait par terre en marquant la cadence avec ses pieds.
Ça n'était pas ça. Je le lui ai dit.

— Ça ressemble à...

Je ne trouvais pas les mots.

— C'est pas ça, Dédé. C'est trop « propre », trop numérique...

— Je l'sais.

Il s'était mis à pleurer. Ça lui arrivait de plus en plus souvent...

— Y veulent m'emmener ailleurs... Jimmy, c't'un pro. Y trouve que j'm'enligne mal... Lulu a l'contrôle d'la console... Mike aime pas la toune... C'est l'bordel... J'ai envie d'crisser tout l'monde dehors pis de r'commencer à zéro.

— Tout l'monde ?

— J'garde Mike, j'me débarrasse des cuivres, j'« claire » Jimmy pis Lulu, j'garde Vander pis Normando...

— Pis quoi encore ?

— J'changerai pu rien après.

— Jusqu'à' prochaine fois... T'rends-tu compte, Dédé ? Y faut que j'*deale* quatre protocoles de séparation, que j'dise à Maurice que l'album sortira pas en février, qu'on trouve un ingénieur du son... Y va s'passer quoi, si j'embarque là-d'dans ? Ça va s'mettre à marcher d'un coup sec ?

— Y va s'passer que j'vas avoir le goût d'faire l'album.

— Rien qu'ça ?

— Toute ça.

183

Un lundi matin, « dans l'p'tit bureau qui s'trouve en haut... »

Maurice avait du feu dans les yeux et un sourire forcé sous la moustache.

— T'es pas en train d'me dire qu'on n'a pas d'album ? Ça fait trois feuilles de nouveauté qu'on sort. Les vendeurs capotent. Y commencent à avoir l'air fou. Les acheteurs les prennent pu au sérieux. Mes chums de Costco pensent que j't'ai inventé. J'me suis mis à g'noux d'vant l'gérant d'HMV. J'ai envoyé Bobette nettoyer la cour de Rosaire... Tu peux pas m'faire ça, mon Raymond... C'est d'l'amour qu'on vit... As-tu parlé d'ça à Daniel ?

— Tu vas avoir ton album au printemps. Probablement en mai.

— On peut-tu l'entendre ?

J'ai dû lui répondre quelque chose du genre : « Tout est dans l'ordinateur. Y a rien d'mixé encore, mais j'te gage cent piasses qu'on est Gold au printemps. »

Ça ne l'avait sûrement pas convaincu puisqu'il a fallu que je sorte un as pour remporter la main.

— Êtes-vous libres jeudi prochain ?

— Qui ça ?

— Georges, Daniel pis toé. J'vous emmène à Saint-Étienne.

— Au studio ?

— Oui, au studio.

J'imagine que ça l'avait un peu rassuré, mais je donnerais ma main à couper qu'il commençait à se poser de sérieuses questions.

* * *

Georges, Daniel et Maurice à Saint-Étienne

Le chalet était sale comme un appartement d'étudiant et la table de cuisine sentait le *last call* de taverne. Il y avait des cendriers pleins partout et des cadavres de bouteilles de bière jusque dans la salle de bain.

J'avais pris Maurice, Daniel et Georges chez D.E.P. et je les avais emmenés dans ma camionnette.

Je ne savais pas à quoi m'attendre. Je n'avais aucune idée de ce qu'il y avait au juste dans l'ordinateur... J'étais certainement aussi inquiet que Maurice et les autres, mais je faisais comme si le vin était tiré et qu'il n'y avait plus qu'à le boire...

Une fois de plus, je gageais sur Dédé.

Il savait exactement ce que Momo et compagnie étaient venus faire et je me disais qu'il leur ferait le bon numéro...

Ils étaient venus voir ce qui se passait. Ils n'avaient aucune idée de l'état dans lequel se trouvait Dédé. Ils ne demandaient qu'à être rassurés.

— Donne-moi une date, Raymond. Le 15 avril, le 25 avril, le 1ᵉʳ mai... n'importe laquelle !

— J'vous sors l'album le 6 mai au plus tard, mais parles-en pas à Dédé. Ça va l'stresser au boute. Laisse-moé aller. J'sais c'que j'fais.

Ils jouaient fort et sans nuances. Il était évident qu'ils se cherchaient.

Mike n'était pas prêt. Il jouait sans conviction. Ça voulait dire qu'il n'embarquait pas. C'était extrêmement préoccupant. L'âme des Colocs, c'était lui. Leur couleur musicale, c'était encore lui.

Ils nous ont joué des bouts de chansons. Chaque musicien a fait de son mieux pour faire illusion et Dédé a beaucoup parlé...

Quand nous sommes repartis, je n'étais plus sûr de rien. Je n'ai pas attendu qu'ils expriment leurs doutes et j'ai dit très exactement le contraire de ce que je pensais :

— Y sait où y s'en va. Ça m'soulage...

— Si tu l'dis, mon Raymond...

* * *

Ça brasse

J'ai pris le taureau par les cornes. J'ai négocié et signé des « ententes de séparation » avec Jimmy, Lulu et les deux Ben. Dédé et moi leur avons fait les meilleures conditions possibles et nous n'avons eu aucun mal à nous entendre à l'amiable.

Un après-midi, l'animatrice de *Flash* a rapporté en ondes que Dédé avait congédié Jimmy Bourgoing alors que celui-ci était au chevet de ses parents malades.

Dédé en a eu mal au ventre tout le reste de la semaine. Il était furieux. Jimmy s'occupait de ses parents depuis plus de deux ans et son « remplacement » n'avait rien à voir avec ça.

Il n'a plus jamais reparlé aux reporters de *Flash*.

Ironiquement, c'est encore un animateur de *Flash* qui a lancé en ondes que « le chanteur des Colocs venait d'être *assassiné* chez lui », à peine trente minutes après la découverte du corps...

* * *

Décembre à Saint-Étienne

Décembre était entré par la porte d'en arrière et s'était tranquillement installé sur les ruines de novembre. Il faisait gris. Les voisins étaient partis dans le sud, avec les canards. Le lac était presque gelé.

À ce propos, Vander doit être bon nageur puisqu'il paraît qu'il se tapait la traversée du lac à la nage. Ce n'était pas le lac Saint-Jean, mais l'autre rive était assez éloignée pour inquiéter Dédé. Il le suivait alors en pédalo, prêt à intervenir au moindre signe d'hypothermie. Une scène comme le réalisateur Dédé Fortin les aimait...

Pierre Girard, le nouvel ingénieur du son, n'était pas libre immédiatement. Toutes les musiques étaient à refaire, et il ne restait plus que Dédé, Mike et Vander...

* * *

Il avait neigé toute la matinée quand je suis débarqué à Saint-Étienne, à l'invitation du maître des lieux.

— Salut...

— Tu vas l'avoir, ton album.

— *Mon* album ?

— L'album... Capote pas... À partir de maintenant, on est trois. Les Colocs, c'est Vander, Mike pis moé. On va faire l'album à trois, avec des musiciens invités. Pierre Girard arrive en janvier. On va inviter des batteurs, des percussionnistes, un trompettiste, un clarinettiste, un harmoniciste... On va prendre Rick Weston, c'était l'harmoniciste préféré d'Pat. On va enregistrer les *basics* à trois pis les aut' *tracks* une après l'aut'. J'ai hâte...

Nous nous sommes quittés là-dessus.

* * *

Petit papa Noël

Sophie et lui sont allés passer les fêtes à Sorel, dans la famille de Dédé. Ils avaient des cadeaux pour tout le monde.

Pour ses neveux, ses nièces et toute la smala, Dédé, c'était Mick Jagger, le mononc' Rock Star... Je me demandais bien ce qu'il avait pensé à leur offrir...

— Tu leur donnes quoi ? D'l'argent ?

— Non, non... J'leur donne pas d'« cochonneries » non plus...

— Quoi, Dédé...

— J'leur donne des cretons maison.

— Des *cretons* ?

— J'les ai faites moi-même avec Sophie...

En raccrochant, je me suis demandé si Mick Jagger donnait du porridge à ses petits neveux...

* * *

Les premiers mois de 1998 furent des mois exaltants. Le départ des « mutins » avait allégé l'atmosphère. Dédé avait retrouvé une bonne partie de son charisme et ses hauts étaient désormais plus fréquents que ses bas.

Il avait sué sang et eau sur les textes. Il les avait écrits dans un état qu'Arthur Koestler assimile au somnambulisme, cet état dans lequel basculent tous les grands créateurs quand ils sont visités par la grâce.

Il les avait écrits au premier degré, en se distanciant au maximum de son propos. Il les chantait avec une bonne humeur qui nous les faisait oublier au fur et à mesure que nous les entendions.

Bien sûr qu'ils nous dérangeaient, mais personne n'avait vraiment envie de lui en parler.

Et pourtant...

Il suffit de lire ces quelques extraits des textes qu'il a pondus à Saint-Étienne pour comprendre que ça ne tournait pas rond...

Le vent souffle dans mes ch'veux
D'la musique de tempête
Mes deux yeux grands ouverts
Le sommeil est pas là
(André Fortin, *Tout seul*)

J'vas partir à nage
Trop loin pour r'venir
Trop sage ou trop lâche
Pour me voir vieillir
(André Fortin, *Tellement longtemps*)

Tous les gestes que j'fais
Y veulent pu rien dire
C'est comme si j'étais
En train de mourir
(André Fortin, *Tellement longtemps*)

J'ai beau m'faire une tête d'enterrement
Y a personne qui m'prend au sérieux
Je suis jaloux très secrètement
D'la profondeur des malheureux
(André Fortin, *Belzébuth*)

Il y avait si longtemps qu'il jonglait avec ces thèmes-là que nous n'y faisions plus très attention...

* * *

Tassez-vous de d'là, qui est devenu le plus gros hit des Colocs, est l'exemple parfait de la confusion des genres qu'il entretenait bien malgré lui.

Dédé a dû écrire une bonne quinzaine de couplets, mais il a fini par n'en garder qu'un seul, qu'il répétait *ad nauseam*.

En écrivant cette chanson, il pensait un peu à Pat, un peu à son neveu et beaucoup à lui-même.

Le refrain est en wolof. C'est un des frères Diouf qui l'a écrit sur une musique de Vander :

Balma balma sama wadji khadjalama yonwi
Djeguelma djeguelma sama wadji khadjalama yonwi

Après l'enregistrement, El Hadji Diouf m'a confié que le texte de son refrain n'avait pas tout à fait la même portée que celui de Dédé...

Je l'ai laissé tout seul au bord de la catastrophe
Pardonne-moé, pardonne-moé, j'ai pas voulu, j'ai pas voulu

Pas voulu t'abandonner dans le moment le plus rough
Je suis le lâche des lâches, pas le tough des tough

Ça, c'était le texte de Dédé.

El Hadji avait abordé le sujet un peu différemment : « Pardonne-moi mon ami, mais je dois suivre mon chemin... »

Mais puisque personne ne comprenait le wolof...

Avant cela, Vander avait plaqué d'autres paroles sur la mélodie qu'il avait remise aux frères Diouf. C'était bien le texte le plus kitsch que j'avais jamais entendu.

La veille, Dédé lui avait posé une question niaiseuse.

— Es-tu capab' de m'faire une phrase avec *ping pong* ?

— C'est con...

— C'pas con, Vander. T'es jusse pas capab'.

— C'est quoi ton truc, là...

— Mon frère court après moé *pis y m'pogne*...

Le soir venu, Vander avait pris la plume et il avait mis des paroles sur le refrain de la chanson. Les voici (sur l'air de *Balma balma...*) :

Deng Xiaoping pogne Mao Tsé Toung par le kimono

Vous pouvez essayer : ça marche.

Le répondeur

Un soir, en rentrant chez moi, j'ai vu que ma boîte vocale était pleine.

C'était Dédé. Il était tout seul à Saint-Étienne et il m'avait spontanément chanté ce qu'il était en train d'écrire :

> *Coudon ça va-tu mal dans l'monde*
> *Ou ben y a jusse moé qui capote*
> *C'est p't'êt' ben parc'que j'ai pu d'blonde*
> *Qu'la vie a l'air pas mal moins hot*
> *C'est à cause de mon répondeur*
> *Y a absolument rien su'a cassette*
> *J'te dis qu'à soir dans mon p'tit cœur*
> *Y fait frette*
> (André Fortin, *Le répondeur*)

Il avait sa « petite voix ».

J'ai compris qu'entre lui et Sophie, c'était fini. C'était une bien mauvaise nouvelle.

* * *

Dimanche soir, au CHUS

Il devait être 16 heures. Il pleuvait des clous. Tout était gris. Je me suis servi un calvados, je m'en suis roulé un p'tit et je me suis calé dans mon grand fauteuil rouge vin, en écoutant tambouriner la pluie sur les dalles de ma terrasse.

Je revenais du Centre thoracique de Montréal. Mon frère y était hospitalisé depuis quelques semaines. Il n'allait plus en ressortir, mais je ne le savais pas encore...

Je savais qu'il était mal en point – il lui fallait se « brancher » toutes les quatre heures afin de dilater ses poumons – et je voyais bien qu'il déclinait, mais j'étais loin de me douter qu'il mourrait le mois suivant.

Cet après-midi-là, il s'était chamaillé avec son voisin de lit qui souffrait de surdilatation des poumons (emphysème).

« L'emphysème » lui reprochait de ronfler comme un porc, de manger comme un cochon et d'écouter la télévision trop fort. « L'asthmatique », quant à lui, trouvait que « l'emphysème » sentait mauvais, qu'il râlait comme un p'tit vieux et qu'il « sapait » comme un chien édenté.

La bataille n'avait finalement pas eu lieu, faute de combattants. « L'asthmatique » avait manqué d'air et « l'emphysème » avait « hyperventilé ».

Ils se haïssaient tellement qu'il avait fallu les changer de chambre. Ils étaient incapables de se regarder sans étouffer de rage...

C'était à la fois drôle et pathétique.

À un moment, j'ai remarqué que mon avertisseur de messages en attente clignotait. J'ai pris mes messages.

Premier appel : « Allô, c'est moé. J'capote ben raide... J'ai pas dormi d'puis avant-hier... Ça tourne... Chu pas capab' de m'concentrer... » *Clic.* Il avait raccroché.

Deuxième appel : *clic.*

Troisième appel : *clic.*

Quatrième appel : il pleurait à chaudes larmes.

Cinquième appel : *clic.*

Son dernier *clic* remontait à plusieurs heures. J'ai tout de suite cherché à l'avoir au téléphone, mais il ne répondait pas.

Ça m'a inquiété.

Je me suis immédiatement mis en route.

Je me suis mis une cassette de Milton Nascimento et j'ai appuyé sur la pédale.

J'étais calme quand j'ai stationné ma camionnette en face du chalet.

Il n'y avait pas de lumière. J'ai poussé la porte...

Il était au sous-sol. Il pleurait comme s'il avait perdu sa mère.

— *Que pasa, hombre ?*

Comme beaucoup de mâles, j'ai tendance à crâner quand je me sens mal.

— Laisse-moé tranquille...

Il y avait un grand couteau de cuisine à côté de lui...

J'ai « pogné les nerfs ». Je l'ai engueulé comme du poisson pourri. Je l'ai pris par le collet et je l'ai monté à l'étage. Je l'ai assis sur une chaise droite et je l'ai forcé à boire du café.

Il délirait un peu.

— As-tu pris des pilules ? As-tu fait' d'la coke ? T'es-tu shooté ? Tu fais quoi, là, avec c't'hostie d'couteau-là ?

— J'me sens pas bien...

Je l'ai pris par un bras et je l'ai sorti dehors.

— On s'en va à l'hôpital.

Je l'ai installé dans le siège du passager, j'ai mis le moteur en marche et je me suis dirigé vers le CHUS (Centre hospitalier de l'Université de Sherbrooke). Je tenais à ce qu'il voie un médecin, que ce médecin constate son état et qu'il le réfère à un psychiatre.

L'aller fut épouvantable. Il était « en hostie ».

— Y m'gard'ront pas. J'vas leur dire n'importe quoi, mais y m'gard'ront pas...

Quand nous sommes entrés dans la salle d'urgence de l'Hôtel-Dieu (un des deux hôpitaux du CHUS), j'étais si inquiet que je devais avoir l'air d'un halluciné. J'allais lui demander de s'asseoir quand je l'ai vu se métamorphoser devant mes yeux.

Il s'est calmé d'un coup sec. Ses traits se sont déten-
dus. C'est tout juste s'il ne souriait pas.

— T'as l'air d'un hostie d'malade mental. Si on
reste icitte, c'est toé qu'y vont garder. Tu s'rais pas
en train d'me faire une p'tite dépression, là ? Ra-
mène-moé à Saint-Étienne. C'pas une heure pour
déranger l'monde...

J'ai fini par en rire. Il n'y avait rien d'autre à faire.
Nous avons passé le trajet du retour à nous taper
sur les cuisses...

Je me suis laissé convaincre – probablement
parce que je voulais bien être convaincu – que notre
petite virée lui avait fait un bien énorme.

— Chu correct. J'avais jusse besoin de m'« ven-
tiler »...

* * *

Trois « X » par jour

Vander, Mike et Dédé s'étaient fait un plan de
match qu'ils avaient broché sur un mur.

Beau temps, mauvais temps, ils cochaient trois
cases par jour : les percussions dans *Tassez-vous de
d'là*, la guitare dans *Pissiômoins* et l'harmonica dans
U-Turn, par exemple.

Dédé reprenait du poil de la bête. Ce rythme-là
lui convenait parfaitement. Je pense d'ailleurs qu'il

serait encore en vie s'il avait pu se le payer (je parle du rythme) trois cent soixante-cinq jours par année.

Les musiciens allaient et venaient, Vander faisait du couscous... et Dédé lui-même mettait « la main à la pâte ». Il lui arrivait de préparer ce qu'il appelait un *Spaghetti a la Fortini* (tomates en boîte, huile d'olive, sel, poivre, basilic) et de le partager avec les autres.

Mike, de loin le meilleur musicien de la gang, était « habité ». Il avait l'impression de renouer avec Dédé et de se réapproprier les Colocs. Ça lui donnait des ailes.

Rick Weston, l'« idole » de Pat, était venu enregistrer une dizaine de pistes d'harmo, mais ça n'avait pas « cliqué ».

À la fin, c'est Mike qui avait enregistré les parties d'harmonica. Il s'était branché dans l'ampli de Pat et il s'était laissé porter par la musique.

* * *

Tassez-vous de d'là

Liz était catégorique.

— Les radios veulent *Tassez-vous de d'là...* Brouillard capote... Lallier aussi...

Brouillard, c'était le discothécaire de CKOI et je crois me rappeler que Lallier était celui de CKMF.

— J'en parle à Dédé.

J'étais surpris de la réaction des radios. Je connaissais *Tassez-vous de d'là* par cœur. Je l'avais entendue au stade embryonnaire et j'avais entendu la plupart des versions sur lesquelles Dédé avait pioché.

Disons que je n'étais pas très convaincu, mais puisque Lise, Liz et Dédé étaient contents...

Tassez-vous de d'là grimpa rapidement au palmarès, le temps, pour les Colocs, de lancer l'album au Cabaret, de tourner le clip et de monter le grand spectacle qu'ils allaient « tourner » dans tout le Québec jusqu'en novembre 1999.

Les critiques furent nombreux à remarquer que les nouveaux textes de Dédé étaient morbides.

Les journalistes, qui ne se doutaient pas que Dédé était simplement en rémission, s'étonnaient de l'extraordinaire énergie qu'il déployait sur scène.

Les salles étaient pleines et le public dansait sur *Tassez-vous de d'là* comme sur la p'tite *Julie*.

Les enfants connaissaient par cœur toutes les paroles de la nouvelle chanson des Colocs.

Y avait d'la coke dans'es yeux, y avait d'l'héro dans l'sang
Y avait toute son corps qui penchait par en avant
Y avait le goût d'vomir, y avait envie d'mourir...
(André Fortin, *Tassez-vous de d'là*)

Tout ça était un peu dérangeant.

Dédé était si content d'avoir livré l'album (il savait qu'il n'en ferait plus jamais d'autre) et les musiciens étaient si heureux de « jouer d'la zique » avec le meilleur artiste de scène qu'ait jamais produit le Québec, qu'ils jouaient chaque soir comme si la coupe Stanley était en jeu.

Le public s'éclatait.

Tassez-vous de d'là fut le hit de l'été. Les fans des Colocs achetaient les albums au fur et à mesure que D.E.P. les plaçait en magasin.

Comme promis, Maurice Courtois s'était rasé la moustache.

— La moitié d'ma moustache parce que t'en as vendu cinquante mille, pis l'aut' moitié parce que j'sais qu'on va en vendre un aut' cinquante mille c't'automne...

Liz ramait et Super Lise, qui avait fini par mettre la machine des Colocs « à sa main », marquait des points avec tout le monde. Elle avait fini par remettre en ordre toutes les affaires personnelles de Dédé et elle lui versait régulièrement son allocation de dépenses.

* * *

J'y pense. La première fois que j'ai vu les Colocs en spectacle, c'est la chanson de Pat qui m'a frappé.

Il y parlait ouvertement du docteur, de son microbe et de sa mort prochaine, mais personne n'y faisait attention.

Dans le nouveau spectacle, il y avait une chanson de Mike (*U-Turn*). Il y parlait ouvertement de l'accident qui avait failli lui coûter la vie en 1996.

Les nouvelles chansons de Dédé parlaient ouvertement de la mort de Pat et de son projet de suicide.

Mais il y avait une convention tacite entre Lise, Dédé, les autres Colocs, Liz, les journalistes, moi-même et les fans des Colocs : on ne parlait pas de ça. On regardait ailleurs.

* * *

J'écris ces lignes le 13 septembre 2004, dans un restaurant de l'Île-des-Sœurs.

J'ai le cafard...

Dédé me manque, mes affaires vont super mal et mon hernie n'en finit plus de m'étrangler...

J'ai envie de déchirer mon manuscrit et d'oublier tout ça...

Je fréquente un petit café de l'Avenue du Parc (Le Navarino) depuis un an ou deux. J'y écris parfois. J'y ai connu une petite serveuse qui me parlait tout le temps de Dédé. Elle avait hâte de lire le livre. Elle était gentille.

Je viens d'apprendre qu'elle s'est suicidée il y a une dizaine de jours. C'est un client du Navarino qui me l'a dit. Il s'appelle Michael, je crois.

— Elle avait perdu toute estime de soi. J'sais ce que c'est, j'suis passé par là. Ma femme m'a quitté l'an dernier. J'aurais pu perdre les pédales, mais j'ai fini par me dire que ma vie doit être précieuse puisque c'est ma mère qui me l'a donnée. J'ai pas l'droit d'la jeter à la poubelle. La souffrance, c'est comme le bonheur... ça finit par passer.

J'en ai su un peu plus long quand le patron du Navarino s'est mêlé à notre conversation. Il était au bord des larmes.

— Son chum s'est suicidé il y a sept ans. Y faisaient d'l'héroïne dans l'temps. Elle était sobre depuis trois ans...

Le suicide est une abomination.

Une fois, à la télévision, j'ai entendu Gaston Mandeville dire à une intervieweuse qu'il venait de mettre « la switch à off ». Son heure était arrivée. Il ne luttait plus. C'était dix à zéro pour le cancer.

Il avait mis « la switch à off » comme on éteint la lampe avant de se coucher...

Le suicide, c'est une autre affaire.

Se suicider, c'est mettre la *switch* d'un avion à *off* en plein vol, avec tous ceux qu'on aime dedans.

Ce n'est pas pareil.

Le suicide, c'est comme le sida. C'est contagieux...

Le suicide, c'est une belle fille qui se fait exploser dans le métro de New York en s'imaginant que le bon Dieu l'attend de l'autre bord... C'est un garçon de trente-huit ans qui s'imagine qu'il atteindra la catharsis en se faisant hara-kiri...

Je pense que je vais aller prendre un café chez Lise.

Tous les jours dimanche

Tous les jours dimanche
J'peux voyager partout
Aussi longtemps qu'j'aurai des ailes
J'irai là où mon cœur m'appelle
Yé pas question que je r'descende
Sauf peut-être pour aller manger
En attendant ça peut attendre
J'goûte au bonheur, chu pas pressé
(André Fortin, *Belzébuth*)

Ils étaient dix sur scène et cinq en coulisses. Outre les Colocs (Dédé, Mike et Vander), il y avait les frères Diouf, deux batteurs, un harmoniciste, un trompettiste, un clarinettiste, deux sonorisateurs, un éclairagiste, un régisseur et Normando.

Les salles étaient pleines et le public dansait sur les rythmes reggae des Colocs, comme au temps de Bob Marley.

Les soixante-quatre dents blanches des frères Diouf brillaient dans le noir comme des copeaux de nacre.

Mike s'éclatait comme en 1992 et Vander et les autres se payaient la tournée de leur vie.

Dédé se défonçait soir après soir. Il lui restait moins de deux ans à tirer et encore cinquante shows à donner.

C'était bien la plus étrange des tournées d'adieu qui soit.

Dédé était seul à savoir... Il en parlait sans en parler... Il lançait des « adieu » à la cantonade, il évoquait la mort, la fin du monde et la souffrance, mais il y avait la musique, l'ambiance, et sa « pêche d'enfer »...

Il était difficile de le prendre au sérieux.

C'est pas d'ma faute si à tout bout d'champ
Une joie intense me monte à' tête
Ça arrive comme ça naturellement
J'suis chimiquement fait pour la fête
(André Fortin, *Belzébuth*)

Tassez-vous de d'là lui avait amené un autre public qui le prenait tel qu'il était, sans se poser de questions. Les autres, qui mesuraient tout de même le formidable écart qu'il y avait entre la p'tite *Julie* et *Tassez-vous de d'là*, se laissaient porter par la nouvelle musique des Colocs.

Les textes ? Nous les entendions tous sans les entendre, si bien qu'ils ne nous dérangeaient plus.

En relisant les critiques, je réalise qu'ils étaient sur une autre planète :

Un show sans entracte, sans temps mort, énergique au max. Un délice qui fait danser les jeunes et taper du pied les cravatés.
(Marie Plourde, *Le Journal de Montréal*)

Au bout de vingt chansons, tous les inquiets seront rassurés : non seulement les Colocs grandissent en beauté, mais ils savent encore faire la fête.
(Jean-Christophe Laurence, *La Presse*)

Méchant party de musique en tous genres — reggae, swing, rigodon, ska, chants tribaux africains, blues, rockabilly, raggamuffin, hip-hop — qui ressemblait invariablement à un show des Colocs.
(Sylvain Cormier, *Le Devoir*)

Quand ils s'arrêtaient aux textes des chansons, c'était pour souligner « une certaine dichotomie entre le discours et le ton général du spectacle », mais ils balayaient vite tout cela sous le tapis...

En juillet 1998, un jury international leur décerna le prix Miroir de la chanson d'expression française pour leur prestation au Festival international d'été de Québec. Le président du jury fit grand cas de la « pêche d'enfer » de ce Dédé Fortin qui carburait à l'adrénaline et qui ceci, et qui cela...

À l'été 1999, le public du même Festival leur attribua un autre prix Miroir. Ils étaient quarante mille sur les plaines d'Abraham. Je n'y étais pas, mais j'ai vu les *rushes* de la captation vidéo.

Au rappel, Dédé s'était amené tout seul avec sa guitare, comme Nascimento à Sao Paulo, et il avait chanté *Le répondeur*.

Il avait « sa petite voix »...

Ouais ben l'amour, la mort pis toute
C'est des questions trop grandes pour moi
Pis à part de ça le monde entier
Veut juste savoir combien ça coûte
C'est à cause de mon répondeur
Y a absolument rien su'a cassette
J'te dis qu'à soir dans mon p'tit cœur
Y fait frette
(André Fortin, *Le répondeur*)

Une des caméras balayait l'assistance. La foule pleurait des vraies larmes, comme si elle avait de la vraie peine. C'est à croire qu'elle communiait avec lui, mais j'ai tellement vu pleurer les foules...

Il n'y a rien de plus facile à émouvoir qu'une foule. Il suffit qu'on agite un mouchoir sur le quai d'une gare pour qu'elle se mette à pleurer... C'est encore elle qui pleure comme une Madeleine quand E.T. s'en retourne chez lui, à la fin du film, dans une apothéose d'effets spéciaux et de musique symphonique.

Les yeux fermés, Dédé chantait sa misère...

La foule s'était naturellement mise au diapason. C'était à chacun sa misère. Les braillards braillaient, les danseurs dansaient, les sauteurs sautaient, les amoureux se faisaient des clins d'œil et les autres se balançaient...

Dédé connaissait trop la foule pour être dupe de ses états d'âme. Il avait compris que le public de 1999 avait déjà le goût de rire, le goût de s'identifier à quelque chose de facile à comprendre, de facile à reconnaître. Le drame était en train de « passer de mode »...

* * *

Les V.I.P.

Un incident me revient à la mémoire. Je n'étais pas à Québec ce soir-là, mais Normando et Dédé savaient où me trouver.

Une heure avant le début du spectacle, Normando m'avait passé un coup de fil.

— Dédé veut pu faire le show... Le public est trop loin...

— Trop loin ?

— Y ont installé un périmètre de sécurité entre la scène pis l'public pour les commanditaires. Dédé les a en pleine face.

— Qui ça ? Les commanditaires ?

— Les commanditaires, les journalistes, les amis du Festival... Dédé dit qu'y font d'l'interférence. C'est l'monde qu'y veut voir, pas les V.I.P.

— Trouve-moi Jean Beauchesne.

— Y'est là. J'te l'passe.

Jean Beauchesne, c'était et c'est probablement encore le programmateur du Festival. Il en avait vu d'autres.

— J'viens d'parler à Dédé. J'y ai fait comprendre qu'y a des choses que j'peux faire pis des choses que j'peux pas faire. On va s'arranger. J'sais pas comment, mais on va s'arranger.

— Où est Dédé ?

— Laisse-moi ça ent' les mains. J'vas m'arranger avec lui...

Ils avaient fini par se comprendre et Dédé avait donné ce que plusieurs considèrent comme son meilleur spectacle.

Une douzaine d'heures plus tôt, en repassant à travers le budget, Lise m'avait fait remarquer que Dédé avait engagé deux choristes. C'était la première fois. Je lui ai téléphoné.

— Allô...

— Tu dors encore ?

— On s'est couchés tard...

— C'est qui, les choristes ?

— On a essayé des affaires en répétition. Ça marche...

— La vie est belle !

— Y va y avoir du monde à soir. Sélanie pis sa chum sont hot...

— *Sélanie* ?

* * *

Sélanie

Elle était plus jeune que lui. Elle avait vingt-trois ans, je crois. Elle est entrée dans sa vie au moment même où il planifiait sa mort. Il lui en a fait voir de toutes les couleurs...

La première fois que je les ai vus ensemble, c'était dans son boui-boui de la rue Rachel. Dédé s'était enroulé dans une vieille couverture. Il était recroquevillé comme un fœtus... un vieux fœtus de trente-sept ans. Sélanie le berçait en caressant ses cheveux.

Ce qui me frappe en écrivant ces lignes, c'est qu'il devenait de plus en plus shakespearien... Il y avait une telle intensité dramatique dans tout ce qu'il faisait qu'on se demandait parfois s'il était en train de mourir ou si le nez lui piquait...

Je ne veux surtout pas dire qu'il trichait.

S'il y a une chose dont je suis sûr, c'est qu'il ne trichait jamais, mais il avait cette extraordinaire faculté de s'investir en entier dans tout ce qu'il disait et dans tout ce qu'il faisait.

Quand je suis reparti, il pleurnichait comme un chiot.

Sélanie a été sa dernière blonde. Elle était avec nous quand nous avons retrouvé son corps. Si je l'avais interviewée pour ce livre, je lui aurais posé une seule question, à laquelle je lui aurais demandé de ne pas répondre :

— Sa mort t'a-t-elle libérée ?

Je l'ai revue l'an dernier. Elle était enceinte de trois mois. Ses joues étaient roses comme je ne les avais jamais vues.

* * *

Il avait crié « adieu »

> *Maudit qu'le monde est beau*
> *Au Shed Café pis au Di Salvio*
> *Maudit qu'le monde est beau...*
> (André Fortin, *Maudit qu'le monde est beau*)

Le dernier gala de l'ADISQ du 20e siècle eut lieu à Québec, à l'automne de 1999. Les Colocs y furent proclamés groupe de l'année.

Le Capitole était plein à craquer.

Tout le monde était beau comme dans les premières chansons de Dédé. Personne ne s'en doutait, mais il était venu dire adieu à tous ceux qu'il avait aimés et qu'il aimait encore.

En coulisses, il s'était fumé un joint ou deux pour se donner du courage...

Il s'était finalement contenté de crier « adieu » en sortant de scène. Il avait bien senti que la foule avait la tête ailleurs. Il aurait voulu lui dire que sa vie avait atteint son terme, qu'il était trop fatigué pour continuer, qu'il avait entendu le chant de la sirène et que le naufrage était désormais inévitable, mais la foule avait la tête ailleurs...

* * *

Le lendemain, au café Toi et Moi

— Ma mère t'a vu à la télévision hier soir. A dit qu't'avais les yeux comme des crachats.

— J'étais pas vraiment là...

— J't'ai entendu...

— T'as entendu quoi ?

— J't'ai entendu leur dire adieu...

— C'est sorti d'même... J'voulais jusse leu' parler...

Il s'est « bummé » une cigarette avant de continuer :

— Tout l'monde parle en même temps. Y a pu personne qui écoute... Les boîtes vocales sont pleines... Y sont en train d'numériser la planète. Tout l'monde est branché. Quand y vont toutes être branchés, quelqu'un va les déploguer... Ça va finir de même... Y faudrait êt' capable d'imiter l'eau... j'veux dire faire aucun effort, couler tranquillement... Anyway... J'vas m'déploguer avant qu'y m'déploguent...

* * *

Le p'tit dernier

Dédé était le cadet d'une famille de onze enfants. À Normandin, la petite ville de quatre mille habitants qu'il évoque dans *La rue principale*, le petit André Fortin – dans la famille, personne ne l'appelait Dédé – prenait autant de place que possible.

Sa mère dit qu'il était tout le temps pressé.

— Y faisait pas l'tour d'la clôture, y sautait d'l'aut' bord... Son linge était toujours déchiré.

Elle m'a aussi raconté qu'une fois – il devait avoir douze ans –, il avait demandé à une petite fille de « v'nir patiner » avec lui. Elle avait poliment décliné l'invitation, prétextant une chose ou l'autre.

L'après-midi, en passant devant la patinoire municipale, il avait vu qu'elle patinait avec un de ses amis.

À un moment, ils s'étaient embrassés...

Il était rentré chez lui en pleurant. Il avait pleuré « des rivières », puis il s'était couché en boule dans son lit. Il était resté là plusieurs jours, dans un état quasi comateux.

Si Nicole, Sophie ou Sélanie lisent ce livre, elles ne seront pas autrement surprises de ce que je viens d'écrire.

Une chose est sûre : il serait mort de froid depuis longtemps s'ils n'avaient pas été une douzaine à souffler dessus...

Le 2116, c'était sa famille artistique. Avec Bronski, ils étaient une dizaine à le réchauffer quand il était en manque.

Quand il en est sorti, il ne m'a pas lâché les baskets tant que nous n'avons pas trouvé un grand chalet dans les Cantons de l'Est, une manière de « commune » capable d'accueillir une douzaine de musiciens en même temps et de les « garder à coucher ».

Il était absolument incapable de vivre seul.

Il lui fallait, au minimum, toute l'énergie d'au moins douze autres personnes rien que pour « passer à travers ».

Il est resté un an et demi à Saint-Étienne-de-Bolton, le temps d'écrire, d'enregistrer et de réaliser *Dehors Novembre*. Il en est sorti juste avant la tournée d'été.

La propriétaire avait failli s'évanouir quand elle avait constaté l'état des lieux.

— Y m'ont laissé une vraie soue à cochons !

Lise avait eu fort à faire pour calmer la madame...

* * *

Waterloo

— Allô ?

— Allô, c'est moé.

— Y'est minuit...

— Y a un couvent à vendre à Waterloo... Le manoir Maplewood. C't'un ancien couvent, j'veux dire.

— C't'un manoir ou un couvent ?

— Y font des shows de « Meurtres et Mystère » là-d'dans... C't'un ancien couvent qui a été converti en manoir... Là, c't'un restaurant. L'propriétaire est prêt à l'laisser aller pour une chanson. On va-tu voir ça ?

Le couvent était inoccupé. Il était à la fois sinistre et magnifique. Il y avait plusieurs étages, des mezzanines, des caves, des greniers, des bibliothèques, des escaliers, une immense cuisine, des cabinets d'aisance et une vingtaine de chambres toutes plus grandes les unes que les autres.

— Le gars est pas intéressé à louer. Ses derniers locataires ont fait faillite... C'est classé Monument historique... Y cherche à s'en débarrasser.

— Tu veux faire quoi, là-d'dans ?

— Une commune avec un studio d'dans, des ateliers de peinture, des chambres noires, des salles de montage, des salles de répétition...

Il était incapable de vivre seul. Il était passé de la maison familiale au 2116, du 2116 à Saint-Étienne-de-Bolton, et voilà qu'il lui fallait un manoir, un couvent avec plein de monde dedans...

Le propriétaire en demandait trois cent vingt-cinq mille dollars. Je lui ai fait une offre. Elle est restée sur la table un certain temps.

Dédé trépignait d'impatience. Il ne voulait rien savoir d'aller vivre en appartement.

De mon côté, je commençais à avoir envie de l'acheter pour moi-même. Il me semblait que j'étais mûr pour un changement de vie...

Vous avez probablement déjà compris que l'affaire a foiré.

La plomberie était en mauvais état, le toit coulait, les balcons crachaient des vieux clous, la cuisine était dégueulasse...

Et puis il y avait un grenier qui m'avait l'air hanté « pas à peu près ». Le long du mur, il y avait une douzaine de très petites portes bien alignées comme des portes de chambres de motels. J'en avais ouvert une, pour voir...

C'était une toute petite cellule, haute comme un enfant de dix ans et large comme la petite chambre du frère André, à l'Oratoire Saint-Joseph. À l'intérieur, il y avait un grabat et une chaise.

Il paraît qu'on y enfermait les nonnes quand le démon leur faisait dire ou faire des choses qui déplaisaient à la Mère Supérieure.

Je me suis tourné vers Dédé.

— Es-tu malade ? Y a des femmes qui sont devenues folles dans ces oubliettes-là. J'aimerais mieux passer tous mes samedis soirs dans un asile de p'tits vieux... J'pourrais jamais dormir icitte. J'ai rien contre les fantômes de nonnes, mais si ça t'fait rien, j'vas passer mon tour...

À la fin de la tournée, il avait fallu qu'il se cherche un appartement. Il avait évidemment mis tout le monde à contribution.

Quand Dédé cherchait quelque chose, le mieux était encore de l'aider à le trouver au plus vite.

* * *

La rue Rachel

Son « apart » nichait juste au-dessus de la Maison des Pâtes Fraîches, à l'angle des rues Rachel et Saint-André. C'était un de ces appartements d'étudiant comme il y en avait des tas rue Édouard-Montpetit en d'autres temps.

Il se faisait monter ses repas par les serveurs d'en bas.

Sélanie, Mike, Vander, Richard Petit, Fred Fortin, Éric Henry, Normando et moi y venions de temps en temps.

Il détestait vivre seul.

* * *

La tortue serpentine

Il était dix heures. Je me sifflais un calvados en écoutant Jacques Languirand ronronner à la Radio d'État.

Il faisait chaud.

J'allais « switcher » au baseball quand on a sonné à la porte. C'était Dédé. Il était survolté. Il avait apporté une encyclopédie passablement défraîchie.

— R'garde ça !

Il avait ouvert l'encyclopédie à la lettre « T ». Il me montrait une tortue géante.

— C't'une tortue serpentine. J'en ai vu deux à matin pas loin d'Granby.

— Des tortues géantes ?

— Y a plein d'tortues géantes au Québec. Dans les ruisseaux, dans les buissons, partout. R'garde celle-là...

— Y étaient où, tes tortues ?

— Dans un ruisseau, à l'entrée d'un parc. J'marchais su'l'bord avec Sélanie. Y faisait beau. On a décidé de s'baigner tout nus...

— *What's new...*

— C'est Sélanie qui a vu la première tortue. Moé, j'ai vu l'autre. J'ai couru après... j'ai passé proche d'la pogner... Y a six ou sept espèces de tortues géantes au Québec. Y s'tiennent dans les ruisseaux. Habille-toé ! (J'étais en robe de chambre.) Faut que j't'les montre. J'me peux pu ! C'pas loin... On va êt' là dans une heure.

— Oublie ça. Y'est pas loin d'minuit. Si ça s'trouve, tes hosties d'tortues dorment. Ça doit dormir, des tortues... Passe-moi ton livre. Écoute ça : « elles se déplacent peu sauf quand elles sont prêtes à pondre ».

— On pourrait y aller d'main matin ?

— J'te r'joins à L'Anecdote vers sept heures et demie.

— Six heures et demie ?

— Sept heures.

Il avait hâte d'arriver. Il parlait vite, comme Louis-José Houde dans les pubs de Loblaws. Il avait tout lu sur les tortues.

— C't'un reptile à quatre pattes courtes, comme le crocodile, l'alligator, l'iguane... je l'sais pas, moé. T'as déjà vu ça, un reptile à quatre pattes courtes ?

— Le chien saucisse ?

Je n'avais pas encore fini de garer ma camionnette sur le bas-côté de la route qu'il était déjà en train de courir. Il s'est engouffré dans un boisé et je l'ai perdu de vue. Je l'ai retrouvé en amont du ruisseau, au bas d'une pente douce.

Nous avions fini par les repérer. Elles étaient deux. Leur tête hors de l'eau, elles regardaient dans la même direction. Elles étaient parfaitement immobiles.

Dédé voulait qu'on attende qu'elles bougent d'elles-mêmes.

— J'comprends leu' beat...

J'ai tenu le coup une dizaine de minutes.

— J'ai rien contre tes hosties d'fossiles, mais j'pense que j'vas changer l'cours de l'histoire...

J'ai lancé une roche qui les a à peine éclaboussées. Elles ont déguerpi comme si le diable était à leur trousse.

— As-tu déjà vu ça ?

Elles nageaient si vite que je les ai à peine vues, mais ces deux tortues-là ressemblaient comme des sœurs à la tortue serpentine de l'encyclopédie de Dédé.

Ce souvenir me restera gravé à jamais...

* * *

Better be with the dead than the torture of mind to lie in restless ecstasy.
(William Shakespeare, *Hamlet*)

J'ai une boule dans le ventre.

J'ai beau savoir que l'essentiel est indicible, il me semble que je n'ai encore rien dit...

Il y a des choses que je n'ai pas le droit de dire parce que Dédé n'est plus là pour les corroborer, et d'autres que je ne peux pas dire non plus parce que les dire ferait mal à des gens qui ne le méritent pas.

J'ai une boule dans le ventre parce qu'il est trop tard pour reculer et parce que je sais ce qu'il va m'en coûter tout à l'heure...

* * *

Les derniers temps

Il avait beau avoir crié « adieu » au gala de l'ADISQ, il n'en était pas moins curieux de la suite des choses.

À partir du 1er décembre, il s'est mis à chercher une salle pour y accueillir sur scène le premier jour du deuxième millénaire de l'ère moderne. Il a fini par la trouver et c'est au Lion d'Or qu'il a accueilli le 21e siècle, en brave petit soldat.

En janvier, il a demandé à Lise s'il lui restait au moins six mille dollars dans son compte en banque.

— Y t'en reste pas mal plus que ça, mon Dédé...

— Dis-moé-lé pas...

Il est parti six semaines au Brésil avec Jean Arsenault, le papa Botte de La Famille Botte. Je ne sais pas au juste ce qu'ils y ont fait, mais ils en ont ramené une idée de *bloco*.

Ça faisait longtemps que Dédé n'avait pas essayé de me vendre quelque chose...

— Imagine un ensemble de trois cents percussionnistes... Cent joueurs de castagnettes, cent danseurs à claquettes, cent cymbaliers... Ça pourrait aussi êt' des choristes... Ça s'appelle un *bloco*...

Je l'ai laissé parler. Il parlait vite et bien. Il était enthousiaste, dans le sens d'« habité ».

J'ai cru qu'il prenait du mieux...

Le lendemain, j'ai passé un coup de fil à Jean Beauchesne, le programmateur du Festival international d'été de Québec. Je lui ai parlé du *bloco* de

Dédé. J'ai dû être convaincant parce qu'il a littéralement flippé.

— J'aimerais ça en discuter avec lui. On pourrait intégrer son *bloco* dans une structure encore plus grosse...

Je l'ai coupé.

— J'suis pas sûr que j'ai envie d'entrer dans ce genre de détails-là... As-tu l'temps d'voir Dédé cette semaine ?

Ils se sont rencontrés le lundi 1er mai, au café Eldorado, sur le Plateau Mont-Royal. Je les ai laissés seuls un long moment.

Dédé a fini par lui promettre de monter un démo dans les dix jours.

Il lui restait alors huit jours à vivre...

Le samedi matin, il m'a téléphoné pour me dire qu'avec Jean Arsenault, ils avaient enregistré des trucs, mais qu'il était trop fatigué pour continuer.

Il avait bien essayé, mais son instinct de mort avait vite repris le dessus.

* * *

Dimanche après-midi, la veille de...

Je l'ai croisé à l'intersection des rues Rachel et Saint-Denis, en face du magasin Structube.

Il pleuvait. Montréal sentait le gaz carbonique.

Il y avait des relents de patates frites et de souvlaki dans l'air.

Il courait presque. Il avait l'air si malheureux que je l'ai laissé poser sa tête sur mon épaule.

J'avais un pressentiment...

— Où tu vas comme ça ?

— Chez Éric. M'donnes-tu un lift ?

— Embarque...

J'ai fait le tour du quadrilatère et j'ai garé ma camionnette en face d'une borne fontaine, à côté de chez Éric Henry.

— Dors-tu, au moins ?

— J'vois mon psychologue demain matin... J'ai décidé d'prendre un peu d'temps pour moé... J'viens d'appeler Lise. J'la vois mercredi...

Il essayait de me rassurer.

Ça ne lui ressemblait pas...

Il n'était jamais aussi dangereux pour lui-même et pour les autres que lorsqu'il paraissait raisonnable. Ceux qui ont des enfants me comprendront. Quand un enfant ne fait pas de bruit, c'est généralement parce qu'il prépare un mauvais coup...

— Dédé...

Nous nous sommes regardés deux ou trois minutes sans rien dire. C'était à qui craquerait le premier...

À la fin de la partie, personne n'avait encore craqué. L'un de nous deux était trop peureux, l'autre trop orgueilleux...

Il est descendu à reculons...

Un petit geste de la main...

— « À cause, tu fais simp' de même ? »

— T'as pas l'accent... Tu l'as jamais eu pis tu l'auras jamais.

Ça nous avait fait sourire.

Je n'allais plus le revoir vivant.

Parvenu chez Éric, il s'est apparemment enfermé dans une chambre avec une tablette et des crayons.

Il y est resté quatre heures.

Il est parti en laissant derrière lui les pages délirantes qu'il avait noircies durant tout l'après-midi.

— J'vas faire c'que j'ai à faire.

Il paraît qu'il a dit ça en sortant. C'est Éric qui me l'a dit.

Je ne sais pas s'il est rentré chez lui tout de suite... Je ne sais pas s'il était seul durant les heures qui ont précédé sa mort... Je ne sais pas s'il a téléphoné à quelqu'un...

J'ai entendu des histoires, mais ce ne sont peut-être que des histoires...

Je me suis couché, inquiet comme un chevreuil dans la mire d'un chasseur. Je commençais probablement à flairer le danger...

Dans son rapport préliminaire, le coroner écrit que Liz et Normando ont découvert le corps inanimé d'André Fortin peu après dix heures, mercredi matin le 10 mai 2000.

C'est faux.

Lise avait rendez-vous avec lui à 14 heures ce jour-là. C'est en vain qu'elle a sonné à sa porte et qu'elle a essayé de l'avoir au téléphone. Inquiète, elle m'avait joint chez moi.

J'ai téléphoné à Normando qui s'est chargé d'alerter Mike et Sélanie. C'est Mike et Normando qui ont « découvert le corps ». Il était 15 heures.

Il paraît que le coroner et les policiers enquêteurs ont envisagé la thèse du meurtre avant de conclure au suicide. La vérité, c'est que le coroner n'a pas compris que Dédé a exécuté sur lui-même – et avec les moyens du bord – le suicide rituel des samouraïs, tel que décrit par Mishima dans sa nouvelle intitulée *Patriotisme*.

* * *

Mercredi 10 mai 2000, 15 heures

> *On entre, on crie, et c'est la vie*
> *On crie, on sort, et c'est la mort*
> (Anonyme)

Me revoilà au pied de l'escalier. J'attends Normando. Ça y est, il redescend.

— Pis ?

— Y'est mort... Y s'est planté un grand couteau dans l'ventre... Y a un couteau dans l'évier, un autre... Y'est plein d'sang...

J'ai figé.

— Y l'a faite... Y s'est fait hara-kiri... Le p'tit crisse...

Je me demandais s'il avait pointé la lame du couteau sur son ventre et s'il avait foncé dans le mur, comme le cuisinier Vatel l'avait fait avant lui, ou s'il avait eu la force de s'étriper sans passer par le mur, comme le samouraï de Mishima.

La police n'était pas encore arrivée que déjà, le car de reportage de TQS était là.

J'ai suivi un agent jusqu'au poste de police de la rue Rachel. J'ai répondu aux questions du jeune officier de police qui a pris le relais, puis je suis rentré chez moi.

Lise attendait mon coup de fil.

— Le téléphone arrête pas d'sonner... Les journalistes veulent te parler...

— J'les rappelle... J'te r'joins au Match à six heures... Comment va ta mère ?

Les journalistes voulaient tout savoir : les qui, les que, les quoi, les comment, les dont, les où et les pourquoi...

Je leur ai dit ce que je savais. Je leur ai donné des

noms, des dates, des numéros de téléphone, des références et des opinions.

J'ai autorisé un journaliste de *La Presse* à reproduire un texte que Dédé m'avait faxé la veille de sa mort. Je ne me sentais pas le droit de le garder pour moi.

Une remarque en passant : j'ai trouvé les journalistes de la presse artistique extrêmement frileux de l'âme... C'est tout juste s'ils n'avaient pas plus de peine que moi.

Ils posaient des questions, ils notaient mes réponses. Ça n'allait pas tellement plus loin que ça. J'étais le gérant de Dédé. Ils s'attendaient à ce que je les documente. Pas à ce que je les éclaire...

De mon côté, je n'avais aucune envie de partager quoi que ce soit avec eux. Surtout pas le cocktail de rage, de peine et de remords qui me ravageait le cœur.

* * *

18 h 50, au Match

Elle buvait une Heineken en m'attendant.
— Allô...
Elle avait sa petite voix.
— Allô Lise... Comment va ta mère ?
— C'est le cerveau... Ça va aller vite... 'Est toute mélangée... A fait assez pitié...

J'ai commandé deux Heineken. Elle s'est allumé une ixième cigarette...

— La même chose que d'habitude ?

Nous n'avons pas beaucoup parlé ce soir-là. Il n'y avait rien à dire...

— Pauvres vous autres...

— C'est-tu d'valeur...

— Mes condoléances...

— J'pleure depuis cinq heures après-midi. Ça m'fait tellement d'peine...

— Coudon, y prenait-tu d'la drogue ?...

— On voyait qu'il filait un mauvais coton...

Les serveurs et les clients ne nous ont pas lâchés d'une semelle. Ils nous ont pompé l'air jusqu'à 20 heures 30.

Ce n'était pas méchant. Ils étaient trop à leur peine pour réaliser que nous n'avions même pas encore eu le temps d'en parler entre nous.

Nous avons fini par manger froid.

Je l'ai raccompagnée chez elle vers 21 heures 30. J'ai mis la radio à la SRC.

— C'est affreux...

— Y s'est pas juste suicidé, y s'est mutilé...

— L'as-tu vu ?

— Non. J'ai pas été capable.

— J'te comprends.

* * *

Le suicide de Dédé a tenu l'affiche une semaine à Montréal et un peu plus longtemps en région.

Mike et Vander étaient anéantis. Idem pour Normando, Sélanie, Éric Henry, Mich'Boule et les autres.

Le corps fut exposé à Sorel. L'embaumeur lui avait fait une vilaine tête cireuse qui ne lui allait pas du tout.

Je n'ai pas traîné au salon.

* * *

À l'église

Le curé était plate à mort.

— ... notre ami André, s'il était encore parmi nous...

Michel Rivard et une des sœurs de Dédé ont lu des textes qu'ils avaient écrits pour lui et Richard Desjardins a chanté *Le cœur est un oiseau* a capella.

Sophie était assise entre Lise et moi. Nous la tenions par la main.

Je pensais à Dédé. Il y avait un grand lustre de cristal au plafond. Il me semblait qu'il était assis dessus... Il accordait sa guitare... Dans une minute, il se mettrait à chanter...

« En bas », le curé avait l'air de se délecter de son oraison funèbre. Il y avait de quoi. N'avait-il pas réussi à parler de Dédé une quinzaine de minutes sans jamais évoquer *une seule fois* son suicide ?

* * *

Suspect numéro quatre

Le mois suivant, quelqu'un m'a appelé pour me dire qu'un animateur de radio de Roberval faisait courir le bruit que Dédé était soupçonné de meurtre.

Il avait rendu visite à une de ses amies quelques semaines avant sa mort. Elle avait été assassinée à peu près au même moment.

La police l'avait finalement écarté de la liste des suspects quand elle avait mis la main sur l'ADN du vrai coupable...

* * *

Roger Frappier

Ma vieille amie Francine Blais, qui réalise *Scully rencontre* depuis toujours, est venue me voir. La mort de Dédé lui était rentrée dedans.

— Roger Frappier m'a téléphoné la semaine dernière. C'est un vieil ami. Y m'a parlé de Dédé. Y veut tout savoir de lui... sa vie, son œuvre, sa mort... Y veut tourner un film. J'lui ai dit que j'te connaissais. Y en revenait pas...

J'ai rencontré Roger le surlendemain. Sa démarche était prématurée, mais légitime. Il avait l'air sincère.

J'avais tout de même l'impression qu'il me volait quelque chose...

En se suicidant, Dédé était entré dans le domaine public. Ça me dérangeait. À force de le couver, j'en étais venu à jalouser jusqu'à l'intérêt que les autres lui portaient.

Roger avait le droit de tourner son film et je n'avais pas à lui imposer quoi que ce soit. Il n'avait besoin de ma permission que pour utiliser les chansons des Colocs et les enregistrements qui nous appartenaient, à Lise et à moi.

J'ai fini par lui refiler les noms des proches de Dédé et de tous ceux qui l'avaient cotoyé au fil des ans.

Aux dernières nouvelles, il tournait un documentaire sur la vie et l'œuvre d'André Fortin, avec le réalisateur Philippe Duval.

Je le verrai en même temps que tout le monde.

* * *

Musique Plus

Pierre Marchand m'a téléphoné quelques mois après la mort de Dédé. Il avait l'intention de monter une musicographie des Colocs.

233

— On va la diffuser le 8 mai 2001, le jour anniversaire de sa mort.

Si je l'avais pu, j'aurais certainement refusé de collaborer. Sa proposition était indécente.

Mais Dédé ne s'appartenait déjà plus...

Marchand avait le droit de tourner *sa* musicographie. Il avait en main plus de matériel d'archive qu'il ne lui en fallait.

J'ai résisté autant que j'ai pu.

À la fin, j'ai accepté de l'aider. Je me suis laissé interviewer et je lui ai présenté les membres de la famille de Dédé.

En échange, il m'a accordé un droit de regard sur le montage. Ma préoccupation était d'empêcher les débordements « sensationnalistes » qui viennent souvent avec ce type de télévision.

J'ai empêché ce que j'ai pu.

* * *

Suite 2116

Mike et Vander ont écrit et réalisé un ultime album des Colocs à partir des derniers enregistrements de Dédé. Je les ai incités à le faire.

C'est Mike qui l'a réalisé. Il s'est entouré de Robbi Finkel, le réalisateur du premier album des Colocs, de Terry Brown, un ingénieur du son qui avait mixé les albums de Donovan, de Rush et de

Cat Stevens, je crois, des frères Diouf et d'une dizaine d'autres musiciens.

C'est un album extrêmement troublant auquel la critique n'a rien compris.

Le dernier hommage à Dédé lui a été rendu par un Indien, un Belge, trois Anglais, deux Sénégalais et une dizaine d'Autochtones.

Personne n'a « allumé »...

* * *

André Fortin, cinéaste

Les Rendez-vous du cinéma québécois l'ont honoré une dizaine de mois après sa mort, en même temps que Gilles Carle.

Lise et moi avons produit un documentaire d'une heure et demie qui a été présenté dans le cadre de l'événement.

C'est un très beau film intitulé *Le 2116 : André Fortin, cinéate*, que nous avons demandé à Éric Henry, à Mich'Boule et à Normando de réaliser pour nous.

* * *

Il y a encore eu cette fille qui a essayé de me faire croire qu'elle était enceinte de Dédé... et cet homosexuel qui prétendait savoir des choses...

J'ai été approché par des auteurs, des photographes, des cinéastes, des publicitaires, des vendeurs de bas-culotte, des chanteurs et des chanteuses qui avaient tous quelque chose à me vendre ou à me prendre...

* * *

Un matin, j'ai dit à Lise que j'avais envie d'écrire ce livre.

— Si tu l'fais, j'ouvre ma maison d'édition...

En embarquant là-dedans, nous savions qu'il nous faudrait rouvrir la plaie et déterrer ce que nous avions enfoui au plus profond de nous.

Le Dédé que nous y avons trouvé était frileux comme un nouveau-né. Il aimait tout le monde, ce qui revient à dire qu'il n'aimait personne.

Il était en manque d'amour depuis toujours.

La sublimation artistique compensait bien un peu, mais il aurait voulu avoir une femme et des enfants à aimer, un pays à bâtir...

Mais il n'acceptait pas de vieillir...

Il s'est réfugié un temps dans la poésie, cette maladie de l'âme qui anesthésie trop souvent la conscience...

Il s'est finalement enfermé dans sa tête, avec Laborit, Mishima et les autres. Il s'est imprégné d'eux au point de ne plus faire la part des choses.

Puis il a lentement sombré dans la folie en emportant dans la mort son œuvre inachevée et la vraie raison de sa fuite.

Table

AGMV Marquis

MEMBRE DE SCABRINI MEDIA

Québec, Canada
2004